KB155969

한국문화총서3

고대 한국의 신앙과 제사의례

전호태 지음

UUP

고대 한국의 신앙과 제사의례

2004년 10월 12일 초판 인쇄
2004년 10월 15일 초판 발행

지은이   전 호 태
발행인   정 정 길
편집인   김 호 연
발행처   UUP(울산대학교출판부)
         680-749 울산광역시 남구 무거2동 산29번지
         ☎ 052-259-2488, FAX.277-3011
         등록 울산시 제20호(1997.7.15)

ISBN 89-7868-874-8

정가 4,500원

고대 한국의 신앙과 제사의례

책을 열며

만주와 한반도를 중심 무대로 전개되었던 고대 한국사회의 모습과 내용에 대해서는 아직 밝혀져야 할 부분이 많이 남아 있다. 특히 종교, 신앙과 제사의례에 대한 이해는 주요한 줄기를 짚어 나가는 수준에서 크게 벗어나지 못하고 있다. 이는 제한적으로 남아 전하는 관련 문헌자료의 분석에 지나치게 매달리는 데에서 비롯되는 면도 적지 않다. 신앙과 제사의례가 현세관, 자연관, 인간관, 우주관, 내세관과 같은 관념적 세계를 얼개로 삼아 형태가 갖추어지고, 절차와 내용이 마련되는 점을 감안하면 문헌자료 발굴과 확보에 너무 의존해서는 새로운 연구 성과를 기대하기가 그리 쉽지만은 않을 듯하다. 연구자료와 관련된 기존 시각에서 벗어날 필요가 있는 것이다.

관념과 실재의 유기적인 관계를 충분히 고려하면서 신앙, 의례와 관련한 자료의 수집과 정리가 시도될 때가 된 것이 아닌가 하는 생각이 든다. 이미 알려진 자료 외에도 새롭게 발굴할 수 있는 관련 학문분야의 자료도 적지 않기 때문이다. 특히 고고학적 발굴 등을 통해 확보된 다양한 성격의 문화유적 자료에 대한 검토, 일본과 중국의 지방 풍토기류, 신사와 사원에 남아 전하는 복합적 성격의 유무형 자료들이 주목될 필요가 있다.

이 책은 한국 고대사회의 역사적 전개과정이 신화가 성립하여 전파되고 의례를 통해 수용되고 재해석되는 과정이기도 함을 밝히는 글과 고대 신앙과 제사의례 관련 자료를 항목별로 나누어 소개하는 부분으로 구성되었다. 앞의 글이 신앙과 의례도 지역과 역사, 사회의 산물이라는 점을 보다 명확히 드러내려는 의도 위에서 준비된 것이라면, 뒤의 자료들은 역사적, 사회문화적 맥락 속에서 앞으로 읽혀지기 위해 제시되었다. 앞글 읽기를 바탕으로 뒷 자료들이 새롭게 읽혀지는 과정에 우리 주위에 남아 있는 어떤 자료들이 새로운 읽기의 대상이 될 수 있는지를 가늠할 수 있게 될 것이다.

이 책이 읽는 이들에게 고대 한국사회의 신앙과 종교, 이를 바탕으로 펼쳐졌던 제사의례에 대해 관심을 기울이는 촉매제로 여겨진다면 필자로서는 더 없이 고마운 일이 될 것이다. 책의 출간을 권유한 김호연교수에게 감사하며, 촉박한 일정에도 불구하고 원고의 정리와 편집에 힘써 준 울산대학교 출판부 직원들에게도 고마움을 전한다.

2004년 10월

문수산 기슭에서 전 호 태.

차례

고대한국의 신화와 제의

1. 인간과 자연

1) 자연 속의 인간

아득한 옛날, 인간이 더 이상 자연의 일부로만 남아 있지 않게 되기 훨씬 전부터 인간집단의 온갖 경험과 그로 말미암은 자연과 역사에 대한 인식은 神과의 관계 속에서 이해되고 표현되었다. 사람들은 세상이 어떻게 만들어졌으며, 자신이 속한 집단의 유래는 무엇인지, 사람과 자연의 관계는 어떤 원리에 기초하여야 하며, 이웃 집단과 자기 집단의 관계는 어떻게 설정하여야 하는지에 이르기까지 온갖 문제들을 신비한 힘을 지닌 신성한 존재인 神의 움직임에 대한 이야기, 혹은 神과 사람이 함께 엮어내는 이야기로 설명하려 하였다. 역사에 그 자취를 남긴 많은 인간집단이 특정시점의 사건이나 상황 속에서 神이 자신들의 조상을 낳았거나 조상과 혈연관계를 맺었으며, 그 神이란 세상을 처음 만든 존재, 혹은 세상이 만들어진 이래 세상의 운영을 담당한 존재라는 자기 집단과 특정한 신이 엮어낸 이야기를 남기고 있다. 오늘날 사람들은 이와 같은 이야기를 '神話'라고 부른다.

신화를 남긴 사람들은 신화를 이루는 사건이나 상황의 전개과정, 자기 집단이 믿는 신과 조상의 모습을 집단이 공유하는 역사, 곧 신화로 정리하고 전했다. 뿐만 아니라 해마다, 節期마다 집단 모두가 참여하는 자리에서 이를 생생한 현실로 재현하고는 하였다. 집단의 구성원 모두가 참여하여 춤과 노래, 온갖 놀이를 통해 神을 맞아들이고, 神에게 한 해의 풍요와 안녕을 기원하거나 감사하는 '큰 놀이'의 가장 중요한 행사의 하나가 '신화의 재현'이었다. 크고 작은 집단들이 '신의 역사, 혹은 신과 사람의 이야기를 정기적으로 재현하는 모든 과정'을 우리는 '祭儀'라고 한다.

우리 역사에서 남아 전하는 가장 오랜 신화는 고조선의 단군신화이며, 제의는 부여의 迎鼓이다. 고조선에서 단군신화가 어떻게 제의로서 재현되었는지는 기록으로 전하지 않고 있다. 또한 부여의 영고를 통해 재현되었을 신화와 解慕漱 및 東明과의 관계는 많은 부분이 모호한 상태로 남아 있다. 그러나 비록 단편으로나마 남아 전하는 고조선과 부여의 신화, 제의의 유래는 아주 멀고 깊은 것이 확실하다. 또한 후대에 끼친 이들 신화, 제의의 영향도 크고 넓다. 우리는 우리 역사의 첫 장으로 알고 있는 이들 신화와 제의가 얼마나 멀고 깊은 때와 곳에서 비롯되었으며, 나름의 틀이 잡힌 이후 우리 역사의 새로운 장에 얼마나 크고 넓게 그 자취를 드리웠는지를 함께 알아둘 필요가 있다. 이글은 이를 위한 준비의 첫걸음이다.

사냥물이 늘어나고, 채집한 먹거리가 많아져 하루하루의 배고
픔에서 조금씩 자유로워지던 원시사회의 말기 단계에도 인간은
여전히 자연의 일부였다. 생활도구가 정교해지고 역할이 분담되
면서, 경험이 축적되고 기술이 발달함에 따라 삶의 여건은 현저
히 개선되었다. 그렇지만 먹고 입을 것, 그리고 잘 곳이 자연으
로부터 직접 전해지는 상태에서 인간은 자신을 자연의 일부로
여길 수밖에 없었다. 생활에 쓰이는 여러 가지 도구 – 예를 들어
사냥물을 때리고 찌르고 옮기는 도구, 가죽을 자르고 다듬고 꿰
매는 도구, 뿌리를 캐고 열매를 으깨며 물고기를 낚고 음식물을
담는 도구, 옷과 그릇, 도구를 장식하는 도구 – 는 자연이 나누어
준 상태에서 인간이 그 형태만을 다듬고 조합시킨 데에 불과하
였다. 짐승을 쫓고, 열매와 뿌리를 모으고, 조개를 줍고 물고기
를 낚으면서, 돌을 갈고 나무를 자르고 뼈를 다듬으면서 인간은
자신들이 자연 속에서 살아가는 존재임을 거듭 되새기고는 하였
다.

자연 속에서, 자연 질서 순환체계의 고리 가운데 하나로 살아
가던 인간은 비록 사냥물이 늘어나고 채집 먹거리가 많아졌으나
굶주림과 더위, 추위, 질병 등의 위협에서 자유로울 수는 없었다.
특히 굶주림은 이들의 삶을 맴도는 직접적이고 항상적인 위협이
었다. 자신들이 먹거리로 삼던 짐승과 물고기, 열매와 뿌리가 날
이 바뀌고 계절이 새로워지면서 혹 이들 주변에 다시 나타나지
않거나 숫자와 양이 줄어든 상태로 존재하게 된다면, 이들은 굶
주림의 포로가 되어 굶주림을 뒤따르는 질병과 죽음의 제물이

될 수밖에 없었다.

　원시사회의 끝 무렵에 이르기까지 인간은 자신에게 짐승을 보내주는 자연에게 생명사냥의 불가피성을 미리 알리고, 사냥하려는 짐승의 영혼과 먼저 대화하며, 사냥한 짐승의 뼈와 골수를 잘 보관하고 그 영혼에게 제사했다. 그렇게 하지 않으면, 그 짐승은 다른 짐승의 새끼로 다시 태어나지 않음으로써, 곧 復活·再生하지 않음으로써 새로운 사냥감으로 이들 앞에 나타나지 않게 된다고 믿었다. 만일 인간이 자연과 사냥짐승의 영혼과의 대화를 소홀히 하여 위와 같은 우려가 거듭 현실로 나타난다면 자연 속에서의 이들의 삶은 더 이상 보장될 수 없었다. 산기슭의 동굴 벽과 천장, 강기슭의 암벽에 들소와 사슴, 호랑이와 멧돼지, 여러 종류의 고래와 물고기가 그려지고 새겨지며, 이들의 삶터 깊숙한 곳에 이와 같은 사냥짐승의 두개골과 무릎뼈가 묻히는 것은 이러한 삶의 조건과 자연인식 위에서이다.

　인간의 무리는 사냥을 나가기 전이나 마친 후, 혹은 특정한 때에 자신들이 선택한 신성한 동굴의 벽과 천장, 거대한 암벽 등에 창에 찔린 들소와 사슴, 이들을 사냥하는 조상들과 자신들의 모습을 그리고 그 앞에서 힘이 다하도록 춤추고 소리 질렀다. 또한 거주하는 동굴 깊숙한 곳에 신성한 매장 터를 마련하고 이곳에 사냥한 동굴곰의 뼈를 묻고 경건한 마음으로 제사지냈다. 이를 통해 사냥대상이 된 짐승의 혼을 달래고 그의 재생을 기원했다. 이들은 자신의 무리에서 선택된 자가 영혼의 힘으로 그리거나 새긴 그림에 신성한 힘이 깃들어 있음을 믿었으며, 신성한 터에 묻힌 뼈에 죽은 짐승의 영혼이 다시 깃들 것을 확신하였다.

들소와 사슴의 무리, 사람의 손, 짐승 가죽을 덮어쓰고 춤추는 인물 등 트로와 페레레, 알타미라, 라스코와 같은 프랑스와 스페인의 석회동굴들, 한때는 초원이었던 사하라사막 중앙지대의 암벽에서 발견되는 살아 움직이는 듯 생생하게 그려진 그림들에서 우리는 굶주림에서 벗어나고, 사냥의 반복적 성공을 보장받으려는 선사시대 인간의 간절한 바람을 읽을 수 있다. 울산 대곡리 반구대암벽에 새겨진 창에 찔린 거대한 고래의 꿈틀거림과 고래의 영혼들을 부르는 듯 두 손을 입에 갖다댄 채 먼 곳을 바라보는 주술사의 눈길에 눈을 주고, 알프스산맥의 동굴 깊은 곳에서 정성스럽게 매장된 동굴곰의 두개골과 무릎뼈들을 다시 파내면서 우리는 자연과의 대화를 그치지 않음으로써 미래의 안전과 풍요를 보장받고 확인하려는 인간들의 간절한 기원을 들어볼 수 있다. 이 그림주술과 매장주술은 인간이 집단적으로 행하는 최초의 종교적 상징행위에 속한다.

이처럼 시대와 상황을 넘어서는 표현, 보이지 않는, 다만 느낄 수밖에 없는 존재와의 대화를 통해 인간은 종교적 상징행위의 힘과 효용성을 배우게 되었고, 상징행위 자체를 발전시켜가고 있었다. 자연 속에서 시작된 인간과 자연의 대화는 모르는 사이에 인간을 자연 속의 거인으로 만들어갔고, 인간에 의한 자연의 대상화·객관화를, 곧 인간과 자연과의 분리를 준비하고 있었다. 선사시대에 시작된 그림주술과 매장주술은 인간과 자연의 분리로 나아가는 첫걸음이었다.

2) 인간과 자연의 분리

채집과 사냥으로만 살아가던 인간 가운데 일부가 어느 시기엔가 먹거리를 확보하는 새로운 방법을 알아냈다. 이들이 개발하고 퍼뜨리면서 인간의 삶의 방식은 바뀌기 시작하였다. 세대에서 세대로 이어지는 오랜 노력 끝에 짐승을 잡아 기르고, 곡식을 심어 먹는 데에 성공한 것이다. 이제 한 해의 짧은 기간동안이나마 인간의 먹거리는 확보되게 되었다. 생산에 의한 먹거리 마련이라는 이 새로운 생존방식은 인간의 무리로 하여금 일정지역에 정착하거나, 일정한 영역을 고정적인 생활권으로 삼는 것을 가능하게 하였다. 이전보다 많은 먹거리의 비축이 가능해졌고, 먹거리 마련에 투여되던 시간과 노동력이 줄어들었다. 이제 무리가 스스로를 먹여 살릴 수 있는 능력이 크게 증대되었으며 이에 힘입어 무리의 규모가 커졌다.

무리가 커져도 먹거리 마련이 이전처럼 어렵지 않게 되자 무리 중 일부가 공구 만들기나 먹거리 모으고 나누기, 그림그리기 따위에 보다 많은 시간을 할애하거나 전념하는 것도 가능하게 되었다. 일 나누기, 곧 사회분업이 이루어지게 된 것이다. 그러나 먹거리의 생산이 이루어지면서 인간에게 일어난 무엇보다 큰 변화는 인간과 자연의 관계였다. 인간이 자연을 인식의 대상으로 여기기 시작한 것이다.

오래전부터 차근차근 준비되어 온 것이었지만 인간이 먹거리를 자연으로부터 나누어받는 것이 아니라 만들어 거두어들이게 됨으로써 인간은 스스로를 자연의 한 부분이면서 자연과는 구별되는 존재로 여기게 되었다. 나무를 베어내고 숲을 태워 밭을 만들며, 야생의 짐승을 붙잡아 길들이고 새끼를 낳게 하였다. 이 일이 인간의 삶을 보장하는 매우 유용한 방법임을 깨닫고 이에 익숙해지면서 인간은 자연을 대상화하고 자연의 일부를 관리하는 존재가 되어갔다. 인간은 이전처럼 자연 질서에 순응하며 그 열매를 다른 생명체와 나누어 먹기도 하였지만, 이와 함께 자연으로 하여금 인간만을 위해 과실을 내놓도록 강제하기도 하였다. 자연계에 자연 질서에 개입하고 간섭하는, 자연으로부터의 이탈자가 출현한 것이다.

그러나 농경과 목축이라는 새로운 먹거리 마련방식도 채집·사냥보다는 덜하나 자연에 의존하기는 마찬가지였다. 곡식의 생장과 가축의 번식에 적절한 환경조건이 유지되지 않으면 이에 의존하던 인간 무리의 생존은 심각한 위협에 직면할 수밖에 없었다. 인간 무리의 삶이 새로운 먹거리 마련방식에 의존하는 비율이 높아질수록 한 두 번의 자연재해가 이들에게 가져다줄 수 있는 타격의 정도도 커졌다. 새로운 먹거리 마련방식을 개발함으로써 항상적인 굶주림의 위협에서는 벗어났으나, 이제는 개인과 무리의 삶 자체가 사실상 새로운 먹거리 마련방식의 결과에만 매달리게 되었다. 인간사회에서 농경지가 확대되고 목축면적이 넓어지며 농경과 목축기술이 개발되는 정도에 비례하여 자연 질서를 주재하는 신비스런 힘, 혹은 존재와 인간과의 대화가 중시되고 심화되는 경향이 나타나는 것도 이런 까닭이다.

농경과 목축이라는 새로운 먹거리 마련방식으로 말미암아 인간은 자연의 구성요소 가운데에서도 적절한 햇빛과 물, 자양분의 근원인 하늘과 땅을 새삼 중요시하게 되었다. 또 곡식의 생장과정, 가축의 번식과정에 대한 경험적 지식이 쌓이면서 이전부터 지녀오던 생명의 재생과 부활에 대한 관념을 보다 신비화하고 심화시키게 되었다.

때문에 초기 농경 및 목축사회에서 자연 질서의 주재자는 '아득한 하늘' 자체, 혹은 '하늘의 주재자'와 동일시되거나, 산이나 커다란 바위, 거대한 나무, 넓은 강, 깊은 호수에 '보이지 않는 힘'으로 내재해 있는 것으로 여겨졌다. 때로 자연 질서의 주재자는 호랑이나 곰, 매나 수리, 거대한 자라나 물고기와 같이 자연의 힘을 드러내는 특정한 생명체의 모습으로, 혹은 삶 속에서 再生과 復活을 재현하는 여성의 모습으로 인간 앞에 나타나기도 하였다. '주재자'는 씨앗의 죽음을 열매로 부활시키고, 어미의 죽음을 새끼로 재생시키는 힘을 지닌 존재였다. 때로는 막연하게, 때로는 구체적으로 다가오는 '주재자'가 농경과 목축의 순조로운 진행과 풍요로운 열매를 보장해주기를 기대하면서 인간은 神을 위한 사회적 차원의 제의를 지내기 시작하였다.

인간이 생산경제 단계에 들어서면서 시작된 제의는 본래 豊饒와 多産의 '주재자'를 받드는 행위였다. 그러나 그 자체가 무리생활의 공동체성을 재확인하고 사회적 응집력을 강화시키는 계기로도 작용하였다. 곡식을 뿌릴 때와 거두어들일 때, 가축을 새로운 목초지로 이동시킬 때와 가축의 새끼출산이 이루어질 때 등 한 해의 특별한 절기에 집중적으로 행해지는 제의는 무리 모두가 참여하는 집회이며 축제였다. 비교적 단순하고 명쾌한 한두 과정만으로 충분하였던 수렵·채집단계의 주술행위와 달리 농경·목축단계의 제의에서 '주재자'를 만족키기 위한 보다 내밀하고 복잡한 여러 단계의 의식절차를 만들어내고 시행하였다. 제의만을 주관하는 전문가가 필요해지고 나타나게 되었다.

2. 풍요와 다산

1) 제의의 발전과 신화의 성립

농경과 목축기술이 발달하면서 인간무리 안에서의 일 나누기는 개략적이거나 일시적인 상태에서 벗어나 구체화하고 지속성을 지니게 되었다. 먹거리의 관리, 공구 만들기, 제의관리 등만을 담당하는 사람들은 각기 더 이상 다른 일에 관여하지 않아도 되었다. 한 걸음 나아가 자신들이 담당한 일에 상대적인 자부심과 우월감을 담는 동시에 일의 열매에 대한 배타적인 권리를 주장하고 관철하기 시작하였다. 사회분업이 소유와 계급분화로 이어지게 된 것이다.

한편, 농경지나 초지를 넓히거나, 먹거리의 약탈을 위한 무리 사이의 접촉과 갈등이 빈번해졌다. 그 결과 무리 사이에 정복예속연합 등의 관계가 성립하면서 무리 사이에도 분업이 이루어졌고, 소유·계급관계가 성립되었다. 단위사회의 규모가 급격히 커지면서 사회 안에, 사회와 사회 사이에 갈등이 깊어지고 긴장이 높아졌다. 이해를 달리하는 무리 내 무리, 무리와 무리 사이의 투쟁이 보다 빈번해지고 격렬해졌다. 갈등과 투쟁 속에서 분업·소유·계급은 점차 피할 수 없는 사회구성요소이자 원리가 되었으며 드디어는 이를 바탕으로 한 새로운 사회체제가 마련되었다. 대내외적 갈등을 조절·완화하는 권력기구로서 국가적 정치체가 나타났으며, 이념장치로서 신화가 성립하였다. 이 시기의 제의는 신화재현의 場이자 국가적 정치체의 모태였다.

사회규모가 커지고 사회구성방식이 복잡해지면서 제의과정 또한 복잡해지고 정교해졌다. 제의 자체는 해당사회의 豊饒와 多産을 하늘 혹은 자연의 主에게 빌기 위해 열리는 정기적 행사였지만, 제의가 지니는 정치적 집회, 사회적 축제로서의 기능이 점차 강화되었다. 이에 따라 제의만을 주관하는 종교직능자와 그 보조자들의 지위도 달라졌다. 종교직능자가 신과 인간 사이의 의사소통을 전담하게 되고, 그의 보조자들이 제의의 정치·사회적 기능을 체계적으로 분담하면서, 제의주관자들은 그 사회 안에서 다른 사람들과 구별되는 존재가 되었다. 종교직능자는 단순한 종교전문가로서보다는 소속사회의 안녕과 질서를 지켜주는 신의 대리자와 같은 존재, 제사장으로 인식되게 되었으며, 그 보조자들은 제의에 집중되는 정치권력과 富를 관리하는 자가 된 것이다.

사회가 발전하면서 제의의 여러 기능 가운데 대내외적 갈등 조절기능이 중시되고, 그 결과 이 기능을 뼈대로 한 국가적 정치체가 출현하였다. 그러자 제사장은 자연스레 정치체의 지도자를 겸하게 되었다. 종교직능자가 제의권과 정치권력을 한 몸에 지닌 제사장적 권력자가 된 것이다. 이제 단위사회의 확대, 혹은 대규모 정치체의 성립은 제의권의 확대와 정치권력의 증대를 동시에 의미하게 되었다.

기원전 800∼700년경부터 만주와 한반도일대에는 청동기문화를 기반으로 한 비교적 느슨한 구조의 읍락연맹체들이 나타나기 시작하였다. 이들 연맹체는 크고 작은 다수의 읍락이나 읍락연맹을 기본단위로 삼고 있었다. 연맹체의 특정읍락이나 읍락연맹은 연맹체 전체의 제의의 중심이자 정치세력의 중심으로 기능하였다. 자연 중심읍락이나 읍락연맹의 제사장은 연맹체의 지도자를 겸했다. 이들은 정기적인 제의의 주관을 통해 정치권력자로서의 자신의 위치를 재확인하고는 하였다. 한반도 서남부지역 일부에서는 기원3세기경까지 제의중심이 정치세력의 중심이었으며 제의권이 일정한 영역 내에서 지역별로 등급화 되어 있었음을 보여주는 청동기문화 유적들이 발견되고 있다. 이들 유적에는 제사장의 권위 정도를 드러내는 데에 주로 쓰이던 정교하고 세련된 靑銅儀器類가 무덤떼에 따라 수량과 종류가 다르게 묻혀 있음이 확인되었다.

제사장과 그 보조자들 사이에는 정치권력과 富가 크게 증대하자 자신들이 제의의 대상과 특별하고 밀접한 관계임을 주장하고, 스스로도 이를 믿으려는 경향이 나타났다. 이들은 하늘 혹은 자연의 主를 막연하나마 신성을 지닌 인격적인 존재, 특정한 생명체를 통해 자신의 신성을 드러내는 존재로 상정하고, 자신들만이 이러한 존재와 직접적인 교통이 가능함을 주장하기 시작하였다. 고조선의 단군신화는 제의권과 정치권력을 함께 행사하던

세력이나 집단이 위와 같은 주장을 구조화하고 논리화 한 결과
물이라 할 수 있다.『삼국유사』「紀異篇」고조선조에는 단군의
출생과 고조선 건국과정에 대한 다음과 같은 기술이 있다.

"『古記』에 이르기를 옛날 환인의 서자 환웅이 세상에 내려가
인간세상을 구하고자 하는 뜻을 자주 나타내므로 아버지가 아들
의 뜻을 헤아려 아래로 三危太白을 살펴보니 인간을 널리 구할
만 하였다. 이에 天符印 세 개를 주어 내려가 다스리게 하였다.
雄이 무리 3천을 거느리고 태백산 꼭대기 신단수 아래에 내려와
이르기를 神市라 하였다. 이가 곧 환웅천왕이다. 風伯, 雨師, 雲
師를 거느리고 곡식, 수명, 질병, 형벌, 선악을 주관하고 무릇 인간
360여 가지 일을 맡아 세상을 다스렸다.
이때에 곰 한 마리와 범 한마리가 한 굴에 살면서 神 雄에게
사람이 되게 해달라고 빌었다. 웅이 이들에게 신령스러운 쑥 한
줌과 마늘 20다래를 주면서 이르기를 "이것을 먹고 100일 동안
햇빛을 보지 않으면 사람이 된다"고 하였다. 곰과 범이 이것을 받
아서 먹고 근신하기를 3.7일 만에 곰은 여자의 몸이 되었으나 범
은 근신하지 못하여 사람의 몸이 되지 못하였다. 熊女는 그와 혼
인해 주는 사람이 없으므로 항상 壇樹 아래에서 잉태하기를 기원
하였다. 이에 웅이 잠시 변하여 그와 혼인하니 잉태하여 아이를
낳았다. 이름 하여 壇君王儉이라 하였다.
唐高 즉위 50년 庚寅에 평양성에 도읍하고 비로소 조선이라
일컬었다. 다시 도읍을 백악산 아사달로 옮겼으니 이를 궁홀산이
라고도 하고 금미달이라고도 한다. 1,500년 동안 나라를 다스렸
다. 周虎王 즉위 己卯에 기자를 조선에 봉하므로 단군이 장당경
으로 옮겼다. 뒤에 아사달로 돌아와 숨어 산신이 되니 이때 나이
가 1,908세였다."[1]

고조선사회의 지배이데올로기라고 할 수 있는 단군신화는 위에서 보았듯이 天帝 환인의 서자 환웅의 하강, 곰의 인간으로의 변신, 하늘의 神인 환웅과 자연의 신인 곰여자[웅녀]의 신성결혼, 천지일체[환웅+곰여자]의 산물인 단군의 출생, 단군에 의한 고조선 건국을 주요 줄거리로 하는 전형적인 天降地應型 신화이다. 천부인 3개를 지닌 환웅과 그 무리 3천의 태백산 꼭대기 신단수 아래로의 하강과 神市 건설은 우주나무인 신단수 아래에서 제의를 행함으로써 하늘과 소통할 수 있음을 주장하는, 청동검과 청동방울, 청동거울 등 발달된 청동기문화를 지닌 외래집단의 이주와 정착을 나타낸다. 동굴 속의 곰과 호랑이가 신령스런 쑥과 마늘을 먹으며 인간이 되려고 애썼다는 것은 외래집단이 신시로 일컬으며 성스럽게 구별한 땅에 先住 토착집단들이 있었으며 이들은 외래집단과 공존을 모색했음을 상징한다. 환웅과 곰여자의 결혼은 유이민집단의 등장으로 말미암아 두 갈래 토착집단의 공존관계가 깨지고, 유이민집단과 곰집단의 새로운 연합관계가 성립하였음을 의미한다. 단군왕검의 출생과 고조선 건국은 新舊 집단의 연합관계가 새로운 권력집단의 창출, 이들에 의한 국가성립으로 이어졌음을 뜻한다.

　　'단군'은 무당 또는 하늘을 뜻하는 몽골어 '텡그리'와 서로 통하며 '제사장'을, '왕검'은 정치적 군왕, 곧 임금을 뜻하는 용어로 해석된다. 따라서 단군왕검은 제사장이 정치권력자를 겸하던 사회의 우두머리를 뜻하는 보통명사인 셈이다. 고조선이 제정일치 사회였음을 보여주는 귀중한 증거의 하나라고 하겠다.

단군신화는 본래 고조선을 구성하던 여러 읍락연맹의 하나이자 중심세력이던 朝鮮國의 시조전승이었다가 조선국이 연맹체국가 내에서 지니는 비중이 높아지고, 지배자의 정치적 권위가 강화되자 고조선의 건국신화로 발전한 것으로 보인다. 후대의 國中大會와 유사한 全고조선 차원의 정기적인 제의가 열릴 때마다 단군신화는 실재했던 역사로서 재연되었다. 이를 통해 고조선의 지배계급은 자신들의 제의권과 정치권력이 하늘과 땅의 神으로부터 부여받은 신성한 것임을 내외에 과시하였을 것이다.

그러나 만주와 한반도일대에 출현한 모든 초기 연맹체국가가 단군신화와 같은 전형적인 천강지응형 신화를 성립시킨 것은 아니다. 고조선 보다 1~2세기 늦게 연맹국가체제를 출범시켰던 부여에는 고조선의 조선국과 같이 연맹체 내의 다른 세력과 구별되는 중심세력이 성립하지 못하였다. 때문에 부여는 철기문화의 보급에 힘입어 국가체제의 구심력이 어느 정도 확보된 후에야 단군신화에 비해 신성성이 떨어진 보다 역사화된 모습의 건국신화, 곧 후기 연맹국가의 영웅신화에 보다 가까운 과도적 유형의 건국신화를 성립시킬 수밖에 없었다. 해부루신화와 동명신화가 그것이다.

2) 신화의 발전과 제의기능의 변화

기원전 500~200년 사이에 만주와 한반도 일부지역에는 철기문화의 보급이 본격화 한다. 철기문화의 보급으로 철기로 만들거나 철기로 다듬은 각종 농공구 및 무기의 공급이 원활한 지역과 그렇지 않은 지역 사이에, 혹은 지역사회 내의 구성원들 사이에 제반 생산력 격차가 발생하였다. 그러자 사회 내외의 세력들 사이의 이제까지의 力관계는 안정성을 잃게 되었다. 이러한 변화의 와중에 만주와 한반도 바깥세계로부터 침입과 압력을 받게 되자 초기의 연맹체국가, 이른바 前期 연맹국가를 성립시켰던 고조선, 부여, 震 사회는 체제가 크게 흔들리거나 해체되기 시작하였다. 체재재편을 모색하던 고조선은 중국 재통일의 여세를 앞세운 거대한 제국 漢의 침입을 받아 멸망하였다. 그 여파로 부여와 진은 고조선지역에 만들어진 漢郡縣의 영향력 아래에 놓이거나 보다 작은 크기의 나라들로 나누어졌다.

해체되거나 멸망한 전기연맹국가의 구성세력들 가운데 일부 세력은 기존의 북방계 및 중국 戰國系 철기문화에 漢군현을 매개로 대량으로 유입된 秦漢代 철기문화를 더한 새로운 한국형 철기문화를 성립, 발전시키면서 사회조직력과 생산력의 수준을 급속히 높여 나갔다. 이러한 흐름을 주도한 일부세력은 한군현 지역을 포함한 만주 남부 및 한반도일대에서 새로운 정치·사회적 구심점 역할을 맡게 되었으며, 그 결과 새로운 연맹국가를 성립시켰다. 이른바 後期 연맹국가이다. 이 후기연맹국가는 나름의 체제와 기구를 갖춘 小國이나 소국연맹을 기본구성단위로 하면서도 이들 나라를 통제할 수 있는 강력한 정치권력기구나 세력중심을 마련한 상태에서 성립하였으므로 국가적 구심력은 이전에 비해 강하였다. 초기의 고구려, 백제, 신라는 기원전 2세기

경부터 성립한 후기연맹국가 가운데 대표적인 나라들이다.

전기연맹국가와는 달리 철기문화 보급과정에서의 급격한 사회혼란, 발달된 철기문명과 사회조직을 갖춘 외부세력의 침입과 지배, 정치·사회세력의 거듭된 이합집산과 부침성쇠를 경험하며 성립된 후기연맹국가의 지도자像은 뛰어난 능력을 지닌 영웅적 존재에 가까웠다. 이 새로운 형태의 연맹국가에 필요한 것은 신비의 베일에 싸인 신성왕적 지배자보다는 강력한 권력을 행사하기에 합당한 영웅적 능력을 지닌 왕이었기 때문이다. 이러한 시대적, 사회적 필요에 의해 성립한 새로운 유형의 건국신화가 이른바 영웅신화이다. 고구려의 주몽신화는 부여의 해부루신화와 동명신화를 발판으로 삼아 후기연맹국가 단계에 출현한 전형적인 영웅신화의 하나이다. 고구려의 두 번째 수도였던 국내성(현재의 중국 길림성 집안)에 있는 유명한 광개토왕릉비의 첫머리는 이 주몽신화로 시작된다.

> 옛날 시조 추모왕이 나라의 터전을 잡을 때 北부여로부터 나왔는데, 천제의 아들이며 어머니는 하백의 딸이다. 알을 깨고 세상에 내려왔으니 태어나면서부터 신성함이 있었다.(6자 미상) 수레를 타고 남쪽으로 내려오는데 부여의 엄리대수를 지나게 되었다. 왕이 나루에 이르러 말하기를 "나는 황천의 아들이며 어머니는 하백의 딸인 추모왕이다. 나를 위하여 갈대를 연결시키고 거북을 떠오르게 하라"고 하였다. 말이 떨어지자마자 곧 갈대가 연결되고 거북이 떠올라 건너갈 수 있었다. 비류곡 홀본 서쪽 산 위에 성을 쌓고 도읍을 세웠다. 인간세상의 왕위에 있는 것을 즐기지 않으니 이로 말미암아 (하늘이) 황룡을 내려 보내어 왕을 맞이하게 하였다. 왕이 홀본의 동쪽 언덕에서 황룡의 머리를 딛고 하늘로 올라갔다.[2)]

천제를 일컫는 해모수와 하백의 딸 유화의 만남과 주몽의 출생, 뛰어난 활솜씨로 말미암은 주몽과 부여왕 금와의 자제들과의 갈등, 주몽의 부여탈출과 남하, 주몽 추종세력의 증대와 새로운 땅 졸본에서의 고구려 건국, 비류국 등 토착세력의 제압과 고구려의 성장을 줄거리로 한 주몽신화는 앞에서 살펴본 단군신화와 구조상 크게 다르지 않으나 내용 전개방식에서 다른 점이 몇 가지 있다. 내용과 의미를 함께 살펴보기로 하자.

첫째, 단군신화는 단군이 출생하기까지의 과정, 그 혈연적 신성성을 설명하는 데에 서술의 초점을 두었다. 반면, 주몽신화는 주몽의 출생 이후, 온갖 고난을 극복하며 나라를 세워 성장시켜가는 영웅적 행적에 서술의 초점을 두고 있다. 이것은 위에서 지적하였듯이 고대사회 성립기의 사회적 조건과 발전기의 사회적 환경이 달랐기 때문이다. 주몽신화 성립기의 만주와 한반도일대는 天降地應型의 신성왕신화가 더 이상 사회적 설득력을 지닐 수 없는 격렬한 사회변동을 경험하고 있었다.

둘째, 단군신화에는 신화적 이미지에 가려 역사적 사실이 잘 드러나지 않으나, 주몽신화에는 역사적 사실이 전면에 드러나고 있다. 단군신화는 신화적 시공간 속에서 신화적 존재들을 주인공으로 삼아 이야기가 전개되며, 그 말미에 잠깐 한두 개의 지명과 국명이 등장할 뿐이다. 이와 달리 주몽신화는 처음부터 역사적 시간과 공간을 배경으로 실재했던 인물들을 등장시키며 이야기가 전개될 뿐 아니라, 이후의 역사와 직접 연결되고 있다. 따라서 단군신화와 달리, 주몽신화는 고구려史를 더듬어 올라가면 닿을 수 있는 신화로 윤색된 역사이다. 주몽의 남하와 건국과정은 '부여'라는 예맥계의 대세력에서 크고 작은 세력들이 분파되어 나가는 원인과 과정을 구체적으로 보여주는 주요한 사례이다.

셋째, 단군신화는 신성성의 근원을 막연하고 포괄적인 개념으로 처리하고 있으나, 주몽신화는 명확하고 구체적인 대상으로 설정하고 있다. 단군신화에서 단군의 부모인 환웅과 곰여자는 각각 하늘과 자연을 상징하는 존재이며, 인격성이 비교적 모호한 상태이다. 반면, 주몽신화에서 주몽의 부모로 등장하는 해모수와 유화는 각기 태양과 물을 상징하며, 인간과 사실상 동일한 존재로 그려지고 있다. 주몽신화 성립단계에 이르면 신앙대상의 인격화가 널리 이루어졌음을 알 수 있다.

넷째, 단군신화에서는 아버지 환웅의 계보가 중시되나, 주몽신화에서는 어머니 유화의 계보와 역할, 능력의 전수가 상대적으로 더 중시되고 있다. 단군신화는 단군의 아버지 환웅이 천제의 아들인 하늘신이며 단군이 그 직계임을 강조한다. 이와 달리 주몽신화는 주몽의 아버지 해모수를 태양신으로 상정하면서도 일면 그 정체를 비교적 모호하게 처리한다. 반면 어머니인 水神 하백의 딸 유화는 地母神, 農業神, 穀靈神으로 그 능력을 주몽에게 전한 존재로 묘사하고 있다. 주몽이 부여병의 추격을 벗어나고자 갈대를 잇고 거북을 떠오르게 할 수 있었던 것, 유화가 곡식종자를 머금게 하여 보내온 비둘기를 활로 쏘아 떨어뜨렸다가 물을 뿜어 살려낸 것 등은 주몽이 어머니로부터 받은 능력이다. 주몽신화 성립단계의 부여와 고구려지역에서는 이전에 비해 농경의 풍요를 매우 중요시 하게 되었음을 시사하는 부분이다.

이처럼 주몽신화는 단군신화와 구조상 하나의 계보를 이루면서도 내용전개에서는 뚜렷이 다른 새로운 유형의 신화로 성립하고 있다. 시대가 바뀌고 사회조건과 사람의 삶의 방식이 바뀌었기 때문이다.

사회가 변하면 신화의 유형과 내용이 바뀌듯이 제의의 대상과 유형, 대상과 기능, 제의의 과정 등도 다양하게 나뉘고 바뀐다. 새로운 유형의 신화인 주몽신화에서 주몽의 부모인 해모수와 유화는 하늘과 자연의 신비를 담은 보다 구체적인 대상, 곧 태양과 물을 인격화 한 존재로 그려진다. 여기에서 알 수 있듯이, 후기 연맹국가단계에 이르면 기존의 국가적, 全사회적 제의의 대상은 특정한 神格으로 구체화하면서 복수화 한다. 신앙대상의 형상화, 인격화, 실체화, 분화가 이루어지는 것이다.

고구려의 국중제의인 東盟에 모셔지는 신격은 兩性的 大地母神으로 추정되는 수신이나, 神廟에 모셔지는 신격은 부여신 유화와 등고신 주몽으로 나뉘는 것도 이러한 역사적 흐름과 관련이 깊다. 고구려에서 등고신 주몽은 凡부여족의 시조신인 동명과 동일시되면서 그 자신 독자적 시조신으로도 제사되었다. 고구려에서 제의의 대상은 귀신, 영성, 사직 등으로 다양하게 확대되었다.

제의의 유형과 대상이 다양해진 것이 사회변화로 말미암듯이 제의의 기능과 역할의 다양화도 사회관계가 복잡해진 것과 관련이 깊다. 연맹 중앙으로의 구심력이 현저히 높아지자 왕을 중심으로 행해지는 제의의 기능은 다양해졌으며, 그 대부분은 정치·사회적 측면에 집중되었다. 고구려나 백제는 왕이 주도하는 동명묘 제의를 왕실 및 국가의 시조제사 겸 왕의 즉위식, 기우제, 관리임명, 재판 등의 다양한 측면과 관련되는 포괄적인 종교행사로 삼았다. 위의 여러 가지 가운데 어느 측면에 초점을 두는가에 따라 해당 동명묘 제의의 규모와 세부절차에 조금씩 차이가 있었을 것임은 물론이다.

그런데 제의의 유형, 기능 등이 다양해지는 한편, 하늘 및 자연의 뜻을 대행하는 자로서의 국왕에게는 제의주관자로서보다는 정치지도자로서의 역할과 능력이 우선적으로 요구되었다. 자연 제의의 세부운영과 진행과정은 정치권력이 부여되지 않거나, 정치권력과 일정한 거리가 있는 전문적인 종교직능자에게 맡겨지게 되었다. 『삼국사기』 등에 보이는 巫, 師巫, 日官, 日者 등은 제의진행의 연장선상에서 국왕의 종교사제적 기능을 보완해주던 종교직능자이거나 종교담당 관리들이다.

3. 권력과 역사

1) 신화의 계열화와 제의기능의 강화

漢의 군현, 群小 유목계 세력, 여타 연맹국가로부터의 대외적 위협, 생산력 변화에 수반된 사회 내부의 지속적 분화와 갈등 증대 등으로 말미암은 대내적 압박에 대한 대응으로 후기연맹국가들은 중앙으로의 권력집중도를 더욱더 높이려 하였다. 실제 내외로부터의 압력이 높던 일부 국가에서 권력의 중앙집중도는 현저히 높아졌으며, 강화된 중앙권력은 국왕을 정점으로 하는 중앙관료기구에 집중되었다. 이에 따라 국왕을 비롯한 중앙정치기구 담당자들에게 부여된 권력은 연맹국가 성립에 참여한 크고 작은 세력과 나라의 지배자들이 자신의 세력기반 안에서 행사해 왔던 제한적인 권력과는 비교가 안 되는 강력하고 포괄적인 성격의 것으로 바뀌어갔다. 특히 국왕은 중앙권력 운용의 중심인 중앙정치기구 내에서의 위치로 말미암아 권력집중이 용이하였다. 이런 까닭에 일부 국가에서는 지배세력 안에서도 특정한 세력이나 세력 내의 가계가 일단 국왕을 배출하게 되면 왕권을 독점하는 경향도 나타나게 되었다.

이에 더하여 중앙관료기구 내에서도 정치권력은 차별적으로 배분되었다. 중앙정치에 참여하고 이를 주도하던 지배세력의 재지기반이 조금씩 달랐을 뿐 아니라, 연맹국가의 확대와 권력의 중앙집중과정을 통하여 중앙정치 참여세력의 재지기반도 거듭 축소되거나 확대되었으므로 지배세력 안에서도 뚜렷한 등급화가 일어났기 때문이다. 권력의 중앙집중, 국왕권의 강화, 지배세력의 등급화 등이 효율적으로 이루어진 일부 후기연맹국가는 집권국가로 그 모습이 바뀌게 되었다.

국왕 및 귀족의 중앙정치 운영능력을 전면에 내세우는 집권국가가 성립하자 신화의 구성과 내용도 이에 조응한다. 신화에 집권국가의 권력체계가 그대로 담겨지게 된 것이다. 연맹국가체제 아래에서는 연맹중심세력의 시조전승과 공존하면서도 어느 정도 독자적인 내용과 구성을 유지하던 연맹구성 세력이나 소국들의 시조전승이 집권국가체제 아래에서는 왕실시조전승 아래로 편입되면서 방대한 건국시조신화의 일부가 되기 시작한 것이다. 집권국가의 권력이 궁극적으로 국왕에게 집중됨으로 말미암아 나타나게 된 불가피한 현상이다.

집권국가 아래에서 지배세력을 구성하던 여러 유력가문의 조상신들의 이야기, 새로이 편입된 영역에서 믿어지던 각종 시조전승은 왕실시조전승의 일부로 흡수되면서 그 줄거리도 일부 변형되었다. '하늘' 혹은 '천제'와의 직접적이거나 혈연적인 관계는 왕실시조에 독점되었다. 반면, 귀족가문의 시조는 하늘이나 천제와 직접 이어지기 보다는 왕실시조와 긴밀한 관계를 맺은 존재로 설명되었다. 연원이 오랜 일부세력의 시조전승에는 왕실시조와 신성성의 근원 사이를 매개하는 기능이 맡겨지기도 하였다. 또한 귀족가문의 세력정도에 따라 왕실시조와의 관계에 대한 전승내용에 濃淡의 변화가 나타나기도 하였다.

시조신화의 확대와 계열화 현상이 광범위하게 일어났으며 이로 말미암아 기존의 다원적·누층적 권력관계와 이를 반영하는 이념체계는 왕실시조신화를 중심으로 일원화 하고 단선화 하게 되었다. 귀족세력은 자신들의 시조전승을 왕실시조전승의 일부로 편입시킴으로써 전승의 골격 일부를 남기는 동시에 자신들의 지위에 역사적 정당성을 부여받아 재지기반도 어느 정도 유지시킬 수 있게 되었다. 반면, 국왕세력은 이를 통해 신성화의 대상을 왕실시조로 한정함으로써 왕권의 초월성을 인정받는 등 영역 내의 모든 구성원에 대한 전제적 지배의 이념적 근거를 보다 확고히 마련하게 되었다.

고구려는 4세기 후반 경 국왕세력의 주도 아래 왕실시조신화를 뼈대로 한 건국신화의 체계화 작업을 진행하였다. 소수림왕 대에 본격화 하는 체제 및 이념의 틀을 새롭게 하는 제반작업 가운데에서도 특히 중요시 되었던 것으로 보이는 이 작업을 통해 왕실의 위엄은 크게 높여졌다. 그 결과 왕실시조인 주몽과 그 어머니 하백녀 유화는 國祖神으로서의 위치를 확고히 하게 되었던 것으로 보인다. 자신의 시조와 '河伯之孫日月之子'인 '鄒慕聖王'과의 주종관계를 자기가문 권위의 근거로 내세우는『牟頭婁墓誌』의 내용과 '천제지자, 황천지자'인 주몽의 직계임을 거듭 내세우는『광개토왕릉비』의 관련구절들은 이 시기에 건국신화의 정리 작업이 강력히 추진되었고 그 결과가 사회적 공인을 받아가고 있었음을 잘 드러낸다.『舊삼국사』「동명왕본기」중의 아래 구절은 일찍이 고구려왕국의 주도권을 둘러싸고 이주세력인 주몽집단과 경쟁하였던 비류수 유역 토착세력의 후손들이 더 이상 天神의 자손임을 주장하지 못하게 된 것도 이때부터였을 가능성을 시사한다.

비류왕 송양이 사냥을 나왔다가 왕의 용모가 비범한 것을 보고 이끌어 같이 앉으면서 말하기를 "궁벽하고 구석진 곳에 있어서 일찍이 훌륭한 분을 보지 못하다가 오늘 이렇게 우연히 만나니 이 아니 다행스러운 일이리오 그대는 어떤 사람이며 어디서 오셨

소” 라고 하니 왕이 말하기를 “나는 天帝의 손자며 서쪽 나라의 왕이오 감히 묻노니 그대는 어떤 분의 뒤를 계승하셨소” 하였다. 송양이 말하기를 “나는 仙人의 후예로 여러 대째 임금 노릇을 해 왔소 지금 이 지방은 너무 좁아 두 임금이 나누어 있을 수는 없는 곳이오 그대는 나라를 세운지 얼마 되지 아니하였으니 우리의 屬國이 됨이 좋지 않겠소”하였다. 이에 왕이 말하기를 “나는 천제의 뒤를 계승하였거니와 그대는 神의 嫡系도 아니면서 억지로 왕이라 일컬으니 만약 나에게 복종하지 않으면 하늘이 반드시 멸할 것이오” 하였다. 송양은 왕이 몇 번이고 天孫이라고 말하자 의심을 품고 그 재주를 시험해 보고자 하였다. 이에 말하기를 “왕과 더불어 활을 쏘아보고 싶소”하고는 사슴의 그림을 그려 백 걸음 거리에 두고 활을 쏘았지만 그 화살이 사슴 배꼽에도 맞지 못하였으나 힘에 겨워하였다. 왕이 사람을 시켜 옥가락시를 백 걸음 바깥에 매어 걸게 하고 활을 쏘니 옥가락지가 화살에 맞아 마치 기왓장이 부서지듯 하였다. 송양이 크게 놀랐다.(中略)

6월에 송양이 와서 항복하고 나라를 바치었다. 7월에 부연 구름이 골령에서 일어나 산은 보이지 않고 오직 수천 명의 사람들이 무슨 역사를 하는 듯한 소리만 들리니 왕이 말하기를 “하늘에서 나를 위해 성을 쌓는 것이다.” 하였다. 이레 만에 구름과 안개가 스스로 걷히자 성곽과 궁실이 저절로 이루어졌는지라 왕이 하늘을 향하여 절하고 곧 들어가서 거처하였다.[3]

그러나 집권국가를 성립시키지 못한 후기연맹국가에서는 왕실시조신화를 중심으로 한 건국신화의 계열화 또한 이루어지지 못하였다. 전기가야연맹을 주도하던 김해의 가락국이 남긴 수로신화는 단순한 연맹국가 수준에서는 어느 정도 벗어났으면서도 집권국가로의 이행은 이루지 못한 연맹국가 중심세력의 건국신화가 어떠한 모습을 띠게 되는지를 잘 보여준다.

後漢 세조 광무제 建武 십팔 년 壬寅 삼월 삼짇날 사람들이 사는 복구지(이것은 산봉우리의 이름이니 거북이 엎드린 형상과 같기 때문에 그렇게 이르는 것이다.)에서 이상한 기척이 있어 무리 이삼백 인이 이곳에 모였다. 마치 사람의 소리 같으나 형상은 보이지 않은 채 목소리만 내어 이르기를, "여기에 누가 있느냐." 하니, 九干 등이 답하기를, "우리들이 있습니다." 하였다. 또 이르되, "내가 있는 곳이 어디인가." 하니, 답하기를 "구지입니다." 하였다. 다시 말하기를, "하늘이 나에게 이르기를 이곳에 머물면서 나라를 새로 세우고 임금노릇을 하라 하여 이곳에 내려왔다. 너희는 모름지기 산꼭대기의 흙을 몇 줌 파고 '거북아. 거북아. 머리를 내어라. 내놓지 않으면 구워서 먹으리.'하고 노래 부르며 춤을 추어라. 이것이 곧 임금을 맞이하며 즐거워하는 것이다."고 하였다.

9간 등이 그 말에 따라 다함께 즐거워하고 노래하며 춤추다가 한참 만에 쳐다보니, 자줏빛 끈이 하늘로부터 내려와 땅에 닿았다. 줄 아래를 찾아보니 붉은 보로 싼 金盒이 있었다. 열어보니 해와 같이 둥근 황금알 여섯이 있었다. 여러 사람이 놀라고 기뻐하며 수 없이 절을 하고 다시 싸가지고 我刀의 집으로 돌아와 탑 위에 두고 흩어졌다. 만 하루가 지나 이튿날 밝을 녘에 여러 사람이 다시 모여 합을 여니 여섯 알이 까서 사내아이가 되었다. 얼굴이 매우 잘났는지라 상 위에 앉히고 여럿이 절을 하여 하례하며 한껏 공경하였다. 날마다 자라 밤낮 십여 일을 지내고 나니, 아홉 자나 되는 키는 은나라의 천을과 같고, 용의 상이 한나라의 고조와 같고, 눈썹의 여덟 가지 빛깔은 당나라의 요임금과 같고, 눈동자가 겹으로 되기는 우나라의 순임금과 같았다.

그달 보름날 왕위에 올랐는데, 맨 처음 나타났다고 하여 휘자를 수로라 하고 혹은 수릉(수릉은 돌아가 이후의 시호이다.)이라고도 한다. 나라는 대가락이라고 하고 또 가야국이라고도 했으니 곧 6가야의 하나이다. 나머지의 다섯 사람도 제각기 가서 5가야의 임

금이 되었다. 동쪽은 황산강, 서남쪽은 바다, 서북쪽은 지리산, 동
북쪽은 가야산 남쪽으로 나라 끝을 삼았다.[4)]

  신화가 계열화되는 원인이자 결과이기도 한 국왕권력의 강화
는 제의주관자로서의 국왕의 의도와 필요가 제의의 모든 과정과
기능에 영향을 줄 수 있게 하였다. 국왕은 당연히 제의의 여러
기능 가운데 사회통합적, 체제유지적 기능이 보다 강화되기를
기대하였으며, 이와 같은 바람은 곧 현실화 하였다. 고구려의 동
맹이 국가의 중요한 재판이나 안건을 처리하는 기회로 중시되어
가는 것도 이러한 흐름과 관련이 깊다.

2) 신화의 역사화와 불교수용

  고구려, 백제, 신라 등은 집권국가를 성립시킨 후, 강화된 국
가권력을 바탕으로 끊임없이 주변의 군소세력을 통합하며 영역
을 확장하였다. 집권국가 안에서 중앙정부의 권력은 한층 증대
되었으며, 중앙정부에 집중된 권력은 다시 국왕, 상급관료, 하급
관료의 차례로 배분되었다. 자연 국가권력에서 왕권이 지니는
비중은 두드러지게 높아졌다. 국가관료기구에 주어지는 권력도
증대되었다. 이에 따라 중앙과 지방의 크고 작은 귀족세력은 현
실사회의 변화를 좇아 국가관료로 전화하였다. 그러자 국왕의
가장 큰 권한과 직무는 방대해지는 관료기구를 통제하고 조정하
는 일이 되었다. 퇴화된 형태로나마 왕에게 남아 있던 종교직능
자적 성격은 빠른 속도로 희석되었고, 정치적 지배자이자 조절
자로서의 국왕의 역할과 능력이 부각되었다.

집권국가의 발전과정에서 사회발전의 정도와 문화계통이 각기 다른 여러 사회가 한 국가의 영역에 편입되어 국가권력의 통제와 관리를 받게 되었다. 이를 계기로 국가사회 안에서의 다원성은 심화되고 계급, 계층, 신분간의 관계는 복잡하게 나누어졌다. 사회관계의 변화는 계속되었고 이 과정에서 계급, 신분간의 사회경제적 관계에 기초한 다양하고 복잡한 문제들이 발생하였다. 이러한 문제들은 대개의 경우 집권국가의 지배계급 내 각 계층의 '사회경제적 자리 잡기'과정에서 파생한 구체적이고 실제적인 것들이었다. 때문에 사회질서의 기원만을 뭉뚱그려 설명하는 기존의 신화체계만으로는 풀어나가기 어려운 경우가 많았다.

이러한 상황이 일반화 하면서 고대사회의 성립 이래 사회의 질서와 운영방식에 이념적 지주로 작용하던 신화적 논리와 체계는 큰 타격을 입게 되었다. 이미 집권국가 출현단계의 계열화와 재구성과정을 통해 지배귀족의 시조전승들을 非신화화시켜 그 하부체계로 받아들이면서 집권국가의 건국신화는 구성내용의 상당부분이 역사화 하였다. 이로 말미암아 신화 고유의 신비성은 크게 퇴색해가고 있었다. 건국신화 자체가 非신화화 하고 있었던 것이다. 여기에 신화적 논리를 지탱해주던 사회조건 자체가 급격히 바뀌어버리면서 이로 말미암은 여러 가지 문제가 발생하자 신화적 논리의 사회적 규제력은 급격히 그 권위를 상실하게 되었다.

신화적 논리의 현실규제력이 약화되자 신화의 再演을 중심으로 이루어지던 전통적인 제의의 역할과 기능 역시 약화되기 시작하였다. 제의에 내재하고 부여되던 신비성도 신화세계의 쇠퇴와 함께 희석되고 부정되어갔다. 신화와 제의가 제 기능을 상실하게 되자 현실사회에서의 신분 및 계급관계, 세력간의 우열관계에서 발생한 모든 문제는 이제 새로운 관념과 논리를 요구하게 되었다.

4세기 이후 삼국사회에서 진행되는 율령체제의 정비, 국사의 정리와 편찬, 불교의 수용과 전파는 이와 같은 사회적 요구에 대한 대응이라는 성격을 지니고 있다. 율령의 정비는 다원화된 사회와 그 구성원에 대한 일률적 지배체제 확립에 기여하였다. 또한 國史의 편찬은 이미 역사적 사실들로 가득한 건국신화와 시조전승들을 시대의 합리성에 기초한 역사적 언어와 논리로 정리할 수 있게 하였다. 불교의 수용은 역사언어로 전환되지 않은 신화적 관념과 그 외현으로서의 제의체계가 형태를 바꾸어 재생할 여지를 마련하여 주었다.

집권국가체제의 안정화 과정에 이루어진 이들 여러 가지 사회정책 가운데 신화적 관념의 후퇴, 제의체계의 쇠퇴와 관련하여 특히 주목되는 것은 불교의 수용과 그 영향이다. 재래의 신화적 세계관 및 제의체계는 비교적 소박하고 단선적인 인간관과 자연관을 바탕으로 성립하였다. 이와 달리 불교는 매우 정교하면서도 탄력적인 논리를 담고 있는 사유체계이자이자 다양한 문화의 복합체였다. 때문에 불교는 확대된 영역 안의 다양한 지역과 사회, 계층과 신분에 보편적으로 적용시킬 수 있는 관념체계이자 종교의례로 삼국의 지배계급의 눈길을 끌었고, 결국 삼국에 수용되고 사회에 널리 전파되었다.

불교가 전해지자, 이미 한계를 드러내고 있던 삼국사회에서의 신화와 제의의 역할과 기능은 그 영향력의 범주가 빠르게 위축되었다. 신화와 제의의 틀과 내용이 불교의 관념과 논리, 의례에 흡수되거나, 불교적 형태로 바뀌기 시작하였다. 물론 전래 초기에는 불교가 재래의 신화적 관념과 전통제의체계의 연장선 위에서 이해되고 받아들여지는 측면이 강하였다. 그러나 불교가 널리 전파되고, 불교에 대한 인식이 깊어지자, 신화적 사고나 행위는 불교의 관념세계를 빌어 설명되기 시작하였다. 급기야는 신화와 제의의 세계가 불교 특유의 언어와 논리로 채워지거나, 불교적 관념과 체계로 재구성되는 경우도 생겨났다. 신화와 제의의 주체들이 재래의 천신이나 조상신이 아닌 불교의 천신이나 覺者, 승려로 대체되고, 줄거리가 윤회, 業, 인연, 轉生 같은 불교 고유의 관념들을 매듭으로 삼는 현상이 나타나게 되었다. 『삼국유사』 등에 전하는 동부여의 건국신화 단편 및 가락국 건국신화의 단편은 각기 주요용어와 줄거리의 변화가 어느 시기에 이루어졌는지는 명확치 않다. 그러나 전통사회의 신화가 불교의 수용 이후, 어떤 과정을 밟으며 어떤 형태로 변형되어가는 지를 가늠케 하는 신화자료의 일부이다.

①북부여왕 解夫婁의 대신인 阿蘭弗이 꿈을 꾸니 천제가 내려와서 이르기를 "장차 나의 자손을 시켜서 여기다가 나라를 세우게 하려 하니 너는 딴 데로 피해 가거라. 동해가에 迦葉原이라는 곳이 있는데, 땅이 기름져서 도읍을 차리기에 알맞으니라."고 하

였다. 이란불이 왕에게 권하여 그곳으로 도읍을 옮기고 나라 명칭을 동부여라고 하였다.[5]

②옛 문헌에 이르기를 萬魚寺란 것은 옛날의 慈成山이니 또 阿耶斯山이라고도 한다.(마땅히 마야사라고 해야 옳다. 이것은 물고기란 말이다.) 그 옆에 伽羅國이 있었는데, 옛적에 하늘에서 알이 바닷가로 떨어지더니 사람으로 되어 나라를 통치하였다. 곧 首露王이다. 이 당시 그 경내에는 玉池란 못이 있었고, 그 못에는 毒龍이 있었다. 만어산에는 다섯 나찰녀가 있어서 서로 오고 가고 통해 다니면서 때로 번개도 치고 비도 내리는지라 4년이 지나는 동안 한 번도 오곡이 여물지 못하였다. 왕이 주문을 읽어 금지하다 못해 머리를 조아려서 부처를 청해다가 불법으로 설교한 이후에야 나찰녀도 불교의 다섯 가지 계율을 지키게 되어 탈이 없었다. 그런 까닭에 동해의 물고기며 용들이 드디어 돌로 변하여 동구 안이 그득하게 되었는데, 그 돌들에서는 쇠북이나 경쇠 소리가 난다.[6]

사회조건의 변화와 불교로 대표되는 새로운 관념과 논리의 출현으로 말미암아 기존의 신화적 세계관은 다시 해석되고 정리되면서 틀과 내용 자체가 크게 달라졌다. 신화적 논리에 기반을 두었던 제의의 여러 가지 기능, 제의를 진행시키던 종교직능자의 역할도 이전과는 다른 의미를 부여받게 되었다.

이상에서 간략히 살펴보았듯이 '신화'는 선사 및 고대사회의 주인공들이 꾸려가던 세계의 질서와 원리이자, 이에 대한 자기 사회 나름의 가장 합리적인 풀이이다. 또한 '제의'는 이와 같은 질서, 원리, 풀이가 과거가 아니라 이들의 현재에 적용되고 작용하는 살아 있는 것임을 재확인하는 행위이자, 그 마당이다. 선사 및 고대인의 삶과 역사의 올바른 再現 내지 再構成은 위와 같은 틀과 내용을 담고 있는 신화와 제의에 대한 이해가 전제되지 않고는 불가능하다고 해도 과언이 아니다.

오늘날 우리 역사의 첫 장과 그 다음 장을 장식하였던 고조선, 부여, 진, 삼한, 삼국과 가야, 그 밖의 크고 작은 나라들이 남긴 신화와 제의 가운데 우리에게 전하는 것은 극히 일부, 그나마 편린인 경우가 많다. 그러나 그 속에 담겨진 역사, 갈피마다 배어 있는 옛사람의 삶의 숨결은 찾고자 하고 되살리고자 하면 의외로 풍부하고 생생할 수가 있다. 다만 감각으로 확인하고 말꼬리 잇기가 되어야 만족하는 우리 시대의 방식만이 아니라 신화와 제의가 살아 꿈틀거리는 역사로 믿어지고 기능하던 그 시대의 논법을 이해하고 이에 익숙해져야 한다. 그럴 때, 묻혀져 바래어 가던 우리 옛사람들의 삶, 그 시대의 역사는 생생히 되살아날 수 있을 것이다.

부록. 고대사회의 신앙과 의례 관련자료

1. 건국신화

夫餘

①북쪽 오랑캐에 있는 탁리국 왕의 시비가 임신을 하였다. 왕이 그녀를 죽이려 하니 그 시비가 대답하기를 "달걀만한 크기의 기운이 하늘에서 내려와 그로 말미암아 제가 임신을 하였습니다"라고 하였다. 뒤에 아들을 낳으니 돼지우리 안에 버렸으나 돼지가 입김을 불어주어 죽지 않았다. 다시 마구간 안으로 옮겨 말에게 깔려 죽게 하려 했으나 말도 입김을 불어주어 죽지 않았다. 왕은 이 자가 하늘의 아들 [天子] 인지 모를 일이라고 생각하여 그 어미로 하여금 거두어 노비처럼 기르게 하였다. 東明이라 이름 짓고 소와 말을 기르게 하였다.

동명은 활을 잘 쏘았는데 왕은 나라를 빼앗길까 두려워하여 그를 죽이려 하였다. 동명은 남으로 달아나 掩㴲水에 이르러 활로 물을 치니 물고기와 자라가 떠올라서 다리를 만들어주었다. 동명이 물을 건너니 물고기와 자라가 흩어져버렸다. 쫓아오던 병사들은 강을 건널 수 없었다. 이리하여 도읍을 정하고 부여의 왕이 되었다. 그러므로 北夷에 부여국이 있게 되었다.[1]

②옛 기록에 또한 이렇게 말하였다. 옛날 북방에 藁離라는 나라가 있어 그 왕의 시비가 임신을 하자, 왕이 그녀를 죽이려고 하였다. 시비가 이르기를 "달걀만한 기운이 있어 나에게로 내려와서 임신을 하게 되었습니다"라고 하였다. 후에 아들을 낳았는데 왕이 그를 돼지우리에 버리자, 돼지가 입김으로 그를 불어주었고, 마구간에 옮겨두었더니 말이 입김으로 그를 불어주어 죽지 않았다. 왕이 의아해하며 그가 하늘의 아들이 아닌가 하여 그 어미로 하여금 거두어 기르게 하고, 이름을 東明이라고 하며 항상 말을 치게 하였다.

동명은 활을 잘 쏘았는데, 왕이 그 나라를 빼앗길까 두려워하여 죽이려고 하였다. 동명이 달아나 남쪽으로 가서 施掩水에 이르러, 활로 물을 치니 물고기와 자라가 떠서 다리를 이루었다. 동명이 강을 건너자 물고기와 자라가 흩어져 쫓아온 병사는 건너지 못했다. 이리하여 동명은 도읍을 정하고 부여 땅에서 왕 노릇을 하였다.[2]

高句麗

①고구려는 부여로부터 나왔다. 스스로 말하기를 선조는 朱蒙이라 한다. 주몽의 어머니 河伯女는 부여왕에 의해 집안에 가두어졌다. 햇볕이 쬐자 몸을 이끌어 피했으나 햇빛이 다시 쫓아왔다. 잉태하여 알 하나를 낳았는데 크기가 다섯 되만 하였다. 부

여왕이 이를 개에게 던져주었으나 먹지 않았고 돼지에게 주었으나 역시 먹지 않았다. 길에 던져두었으나 牛馬가 피해가고 뒤에는 들에 버렸으나 새들이 깃털로써 감싸주었다. 부여왕이 그것을 쪼개보려 하였으나 깨뜨리지 못했다. 드디어 그 어미에게 돌려주었다. 그 어미가 물건으로 싸서 따뜻한 곳에 두니 한 사내아이가 껍질을 깨고 나왔다. 자라매 이름을 주몽이라고 하였으니 그곳에서 주몽이란 말은 활을 잘 쏜다는 뜻이다.

부여인들은 주몽이 사람의 소생이 아니라서 장차 딴마음을 가질 것으로 여겨 죽여 없애기를 청했다. 그러나 왕은 듣지 않고 그로 하여금 말을 기르도록 하였다. 주몽이 매번 스스로 시험해보아 좋은 말과 약한 말을 알 수 있게 되자 준마는 먹이를 줄여 마르게 하고 둔한 말은 잘 먹여 살지게 하였다. 부여왕이 살진 말은 자신이 타고 마른 말은 주몽에게 주었다. 뒤에 사냥터에서 사냥을 하게 되었는데, 주몽은 활을 잘 쏘므로 화살을 하나만 주었으나 화살이 적음에도 불구하고 짐승을 많이 잡았다. 부여의 신하들이 다시 모의하여 그를 죽이려 하였다.

주몽의 어머니가 이를 알게 되어 주몽에게 말하기를 "나라에서 장차 너를 해치려 하는데 너의 재주와 꾀면 마땅히 멀리 사방에 가서 살 만하다" 하였다. 주몽이 이에 烏引과 烏違 등 두 사람과 함께 부여를 떠나 동남쪽으로 달아나다가 중도에 큰 강을 만났다. 건너려 하나 다리가 없고 부여인은 급하게 추격해왔다. 주몽이 강물에 고하기를 "나는 해의 아들이고 하백의 외손인데 금일 도망 길에 추격병은 닥치고 있으니 어찌 건너리오"

하니 이에 물고기와 자라가 떠올라 다리를 만들어주었다. 주몽이 강을 건너고 물고기와 자라는 풀어져버리니 쫓아오던 기병은 강을 건널 수 없었다.

주몽이 드디어 普述水에 이르러 세 사람을 만났다. 한 사람은 베옷을 입고 다른 한 사람은 검은 옷을 입고 또 다른 한 사람은 물풀색 옷을 입고 있었다. 이들과 더불어 紇升骨城에 이르러 살게 되었다. 이름 하여 고구려라 하였으며 이로써 성씨를 삼았다. 처음에 주몽이 부여에 있을 때에 아내가 임신하고 있었는데, 주몽이 달아난 후에 아들을 낳으니 이름을 처음에는 閭諧라고 하였다. 그가 자라서, 주몽이 나라의 임금이 된 것을 알고 그 어머니와 더불어 도망해 오니 그를 이름 하여 閭達이라 하고 나라일을 맡겼다. 주몽이 죽자 여달이 대신하여 왕이 되었다.[3)]

②시조 東明聖王의 성은 高씨요 이름은 朱蒙이다. [추모 혹은 상해라고도 한다] 처음에 부여왕 解夫婁가 늙도록 아들이 없어 산천에 제사하여 후사를 구하려 했는데, 그가 탄 말이 鯤淵이란 곳에 이르러 큰 돌을 보고 대하여 눈물을 흘렸다. 왕이 괴이히 여겨 사람을 시켜 그 돌을 옮겨 놓고 보니, 한 금색 개구리 모양의 아이가 있었다. 왕이 기뻐하여 말하기를 "이는 하늘이 내게 뛰어난 자식을 주심이라" 하고 데려다 길렀다. 이름을 金蛙라 하고 장성하자 태자로 삼았다.

그 후에 國相 阿蘭弗이 말하기를 "일전에 천신이 제게 강림하여 이르기를, '장차 나의 자손으로 이 곳에 건국케 하려 하니 너희는 다른 곳으로 피하라. 동해가에 迦葉原이란 곳이 있으니 토양이 기름지고 오곡에 알맞으니 도읍할 만하다'고 하였습니다" 하였다. 아란불이 드디어 왕을 권하여 그곳으로 도읍을 옮기고 국호를 동부여라 하였다. 그 옛 수도에는 어디서 왔는지 알 수 없었으나 자칭 천제의 아들 解慕漱라 하는 이가 와서 도읍하였다.

해부루가 돌아가고 金蛙가 그 왕위를 이었다. 이때 금와는 태백산 남쪽 優渤水에서 한 여자를 얻어 내력을 물으니 대답하기를, "나는 하백의 딸로 이름은 유화입니다. 여러 아우들과 함께 나와 놀고 있을 때 한 남자가 나타나, 제 말로 천제의 아들 해모수라 하고 나를 熊心山 아래 압록강가의 집 속으로 유인하여 사욕을 채운 후 곧 가서 돌아오지 않았습니다. 우리 부모는 내가 중매도 없이 남에게 몸을 허락하였다고 하여 드디어 이 우발수에 귀양살이를 하게 하였습니다"라 했다. 금와는 이상히 여겨 그를 집 속에 가두었다. 그녀에게 햇빛이 비추더니 몸을 피하여도 또 따라 비추었다. 그로 인하여 태기가 있더니 다섯 되만한 큰 알을 낳았다.

왕이 그 알을 버려 개와 돼지에게 주었더니 먹지 아니하였고, 또 길바닥에 버렸더니 소와 말이 피해갔다. 후에 들에 버렸더니 새가 날개로 품어주었다. 왕이 그 알을 쪼개보려 하였으나 잘 깨지지 않으므로, 드디어 그 어미에게 도로 주었다. 그 어미는 물건으로 알을 싸서 따뜻한 곳에 두었더니, 한 사내아이가 껍질을 깨뜨리고 나왔다. 아이의 외모가 빼어났으며, 나이 일곱 살에 평

범한 아이와 확연히 다르게 제 손으로 활과 화살을 만들어 쏘는데 백발백중이었다. 부여의 풍속에서 활 잘 쏘는 자를 '朱蒙'이라 하므로 그와 같이 이름을 지었다 한다.

금와왕에게는 아들 7형제가 있어 주몽과 함께 놀았는데 그 재주와 능력이 모두 주몽을 따를 수 없었다. 그 장자인 帶素가 왕에게 말하기를, "주몽은 사람의 소생이 아니고 그 위인이 용맹스러우니, 만일 일찍이 그를 도모치 않으면 후환이 있을까 두렵습니다. 청컨대 그를 없애소서"라고 하였다. 왕은 듣지 않고 주몽으로 하여금 말을 기르게 하였다. 주몽이 말을 살피어 준마에게는 먹을 것을 줄여 여위게 하고 둔한 말은 잘 먹여 살찌게 하였다. 왕은 살진 것을 자기가 타고 여윈 것을 주몽에게 수었다.

그 후 들에서 사냥을 할 때 주몽은 활을 잘 쏘는 까닭으로 화살을 적게 주었으나, 그가 잡은 짐승은 매우 많았다. 왕자와 여러 신하들이 또 그를 죽이려 모의하므로, 주몽의 어머니가 비밀히 아들에게 말하기를, "나라 사람이 장차 너를 해치려 하니 너의 재주와 지략을 가지고 어디에 간들 아니 되겠느냐. 지체하다가 욕을 당하느니보다는 멀리 가서 할 만한 일을 하는 것이 좋겠다"고 하였다. 주몽은 이에 烏伊·摩離·陝父 등 3인과 벗삼아 도망하여 淹淲水[일명 盖斯水니 지금의 압록 동북에 있다]에 이르러 물을 건너려 하였으나 다리가 없었다. 추격병이 이를까 두려워하며 강물에 고하기를 "나는 천제의 아들이요 하백의 외손으로 오늘 도망하는 중에 쫓는 자가 이르고 있으니 어찌하랴" 하였다. 이때 물고기와 자라가 떠올라 다리를 만들어주었다.

주몽이 무사히 건너자 물고기와 자라가 곧 흩어지니 뒤를 쫓던 기병이 건너오지 못하고 말았다.

　주몽은 毛屯谷[『위서』에는 보술수에 이르렀다 한다]에 이르러 세 사람을 만났는데, 한 사람은 베옷을 입고 한 사람은 검은 옷을 입고 또 한 사람은 물풀색옷을 입었다. 주몽이 묻기를 "그대들은 어떠한 사람이며 성명이 무엇이냐" 하니, 베옷 입은 사람은 말하기를 이름이 再思라 하고, 검은 옷 입은 사람은 말하기를 武骨이라 하고, 물풀색 입은 사람은 말하기를 默居라 하고 성씨는 말하지 아니하였다. 주몽은 재사에게 克氏란 성을, 무골에게는 仲室氏, 묵거에게는 少室氏를 내려주고, 여러 사람에게 이르기를 "내가 지금 큰 명을 받아 국가를 개창하려 하는데 마침 이 세 현인을 만났으니 어찌 하늘이 내린 것이 아니랴" 하고 드디어 그 재능을 헤아려 각각 일을 맡기고 그들과 함께 卒本川에 이르렀다. 그 토양이 기름지고 산하가 험고함을 보고 거기에 도읍을 정하려 하였는데, 궁실을 지을 겨를이 없어 단지 沸流水 가에 집을 짓고 거기 거하여 나라를 고구려라 하고 인하여 高로써 성씨를 삼았다 [혹은 이르되, 주몽이 졸본부여에 이르니 왕이 아들이 없다가 주몽이 보통인물이 아님을 알고 그의 딸로 아내를 삼게 하였으며 왕이 돌아가니 주몽이 그 왕위를 이었던 것이라 한다.] 이때 주몽의 나이는 22세이니, 한나라 孝元帝 建昭 2년(기원전 37)이요, 신라 시조 혁거세 21년인 갑신년이었다.

　사방에서 소식을 듣고 와서 붙어사는 자가 많았다. 그 지경이 말갈부락과 닿았으므로 침략과 도적질의 해를 입을까 염려하여 드디어 이를 쳐 물리치니, 말갈이 두려워 복종하여 감히 침범치 못하였다. 왕은 비류수 중에 채소의 잎이 흘러내려 오는 것을 보고 상류에 사람이 살고 있음을 알았다. 그래서 사냥을 하면서 沸流國을 찾아가니, 그 국왕 松讓이 나와 보고 "과인이 바닷가의 한 구석에 치우쳐 있어 일찍이 군자를 만나보지 못하다가 오늘 우연히 서로 만나니, 또한 다행한 일이 아니냐. 그런데 그대는 어디서 왔는지 모르겠다" 하였다. 대답하기를 "나는 천제의 아들로 모처에 와서 도읍을 하였다"고 했다. 송양이 말하기를 "우리는 여기서 여러 대 동안 왕 노릇을 하였지만, 땅이 좁아 두 임금을 용납하기는 어렵다. 그대는 도읍을 정한 지 며칠 안 되니, 우리에게 붙어사는 편이 어떻겠느냐'라 하였다. 왕이 이 말에 분노하여 그와 시비를 하다가 서로 활쏘기를 하여 재주를 시험해보니 송양이 항거치 못하였다.4)

新羅

①上文을 보건대 이 六部의 조상들이 모두 하늘에서 내려온 것 같다. 弩禮王 9년(기원전 32)에 비로소 六部의 이름을 고치고 또 六姓을 주었던 것이다. 지금 風俗에는 中興部를 어미, 長福部를 아비, 臨川部를 아들, 加德部를 딸이라 하는데, 그 이유는 자세치 않다.

前漢 地節 원년(기원전 69) 임자 3월 초하루에 六部의 조상들이 각기 자제들을 데리고 闕川岸上에 모여서 의논하되 "우리가 위에 백성을 다스릴 君主가 없어, 백성들이 모두 放逸하여 제

맘대로 하니, 어찌 덕 있는 사람을 찾아 임금으로 삼아 나라를 세우고 도읍을 정하지 아니하랴” 하고, 이에 높은 곳에 올라 남쪽을 바라보니 楊山 아래 蘿井 곁에 이상스런 기운이 번개와 같이 땅에 비치더니 거기에 白馬 한 마리가 꿇어 앉아 절하는 형상을 하고 있었다. 그곳을 찾아가 보니 한 붉은 알이 있는데, 말은 사람을 보고 길게 울다가 하늘로 올라가버렸다. 그 알을 깨니 모양이 단정한 아름다운 童子가 나왔다. 놀랍게 여겨 그 아이를 東泉에서 목욕시키니 몸에서 광채가 나고, 새와 짐승이 따라 춤추며 천지가 진동하고 日月이 청명한지라 이로 말미암아 그를 赫居世王이라 이름 하였다. (아마 鄕言일 것이다. 혹은 弗矩內王이라고도 하니 밝게 세상을 다스린다는 뜻이다. 說者는 이르되 이는 西述聖母의 탄생한 것이니 중국 사람들이 仙桃聖母를 찬양하여 娠賢肇邦이란 말이 있는 것도 이 까닭이라 하였다. 그러고 보면 鷄龍이 祥瑞를 나타내고 閼英을 낳았다는 이야기도 西述聖母의 現身을 말한 것이 아닐까.) 位號를 居瑟邯(혹은 居西干이라고도 하니, 이는 그가 처음 입을 열 때 自言하되 ‘閼智居西干이 한 번 일어난다’ 하였으므로 그 말로 인해서 일컬었는데, 이로부터 王者의 존칭이 되었다.)이라 하였다.

이 때에 사람들이 서로 다투어 치하하기를 “이제 天子가 내려왔으니 마땅히 덕 있는 女君을 찾아서 짝을 지어야 할 것이다” 하였다. 이날에 사량리 閼英井가에 鷄龍이 나타나 왼편 갈비에서 童女 하나를 낳으니(혹은 龍이 나타나 죽으매 그 배를 갈라 동녀를 얻었다 한다), 자태와 얼굴은 유달리 고왔으나 입술이 닭의 부리와 같았다. 月城 北川에 가서 목욕시키니 그 부리가 빠짐으로 그 내를 撥川이라 하였다.

宮室을 남산 서쪽 기슭에 세우서 두 聖兒를 받들어 기르니, 사내아이는 알에서 나왔는데 그 알은 박과 같았다. 향인들이 박을 朴이라 하므로 그 성을 朴이라 하였고, 여자는 그의 나온 우물로 이름을 지었다. 二聖의 나이 열세 살이 되자 五鳳 원년 갑자(기원전 57년)에 남자가 왕이 되어 그 여자로 왕후를 삼고, 국호를 徐羅伐 또는 徐伐(지금 俗에 京자를 訓하여 서벌이라 이르는 것도 이 까닭이다)이라 하였다. 혹은 斯羅 또는 斯盧라고도 하였다. 처음에 왕이 鷄井에서 출생한 까닭에 혹은 鷄林國이라 하니 鷄龍이 상서를 나타낸 까닭이었다. 일설에는 脫解 때에 金閼智를 얻을 때 닭이 숲속에서 울었으므로 국호를 고쳐 鷄林이라 하였다 한다. 후세에 드디어 新羅란 국호를 정하였다.

나라를 다스린 지 62년만에 왕이 하늘로 올라가더니 그 후 칠일만에 遺體가 흩어져 땅에 떨어지며 왕후도 따라 돌아갔다 한다. 國人이 合葬하고자 하매 큰 배암이 쫓아와 방해하므로 五體를 각각 장사지내어 五陵이라 하고 또한 蛇陵이라고도 하니 曇嚴寺 北陵이 이것이다. 태자 南解王이 位를 이었다.5)

②어느 날 高虛村長 蘇伐公이 楊山 기슭을 바라보니 蘿井 곁의 숲 사이에 한 말이 무릎을 꿇고 울고 있었다. 그곳으로 가 보니, 갑자기 말은 보이지 아니하고 다만 큰 알만이 남아 있었다. 이를 깨보니 그 속에서 한 어린아이가 나왔다. 소벌공은 그 아이

를 데리고 돌아와 잘 길렀는데, 10여 세가 되자 유달리 숙성하였다. 六部 사람들은 그 아이의 출생이 신기하므로 모두 우러러 받들게 되었다. 이때에 이르러 그를 세워 임금으로 삼았다. 辰韓 사람들은 표주박을 朴이라 하였는데, 혁거세가 난 큰 알의 모양이 표주박같이 생겼으므로, 이로 말미암아 박으로써 姓을 정하였다. 居西干이란 진한 사람들의 말로 왕이라는 뜻이었다.(혹은 貴人을 이르는 말이라고도 한다.)[6]

③그때 갑자기 脫解라고 부르는 사람이 바다를 건너왔다. 琓夏國 含達王의 부인이 아이를 뱄다가 달이 차서 알을 낳았는데, 그는 그것이 부화되어 난 사람이다. 신장이 석 자요, 골통 둘레만 한 자였다.

즐거운 기색으로 왕궁에 들어와 왕에게 말하기를 "나는 왕의 자리를 빼앗으려 왔노라."하였다. 왕이 대답하기를 "하늘에서 나더러 왕위에 오르라고 한 것은 장차 천하의 가운데인 이 땅을 안정시켜 아래로 백성들을 편안케 하려는 것이다. 감히 하늘의 명령을 어기고 왕위를 내줄 수도 없거니와 우리 백성을 그대에 내맡길 수도 없다."고 하였다. 탈해가 이르기를 "그렇다면 술법으로 겨루어보자."고 하니, 왕이 말하기를 "좋다."고 하였다. 잠깐 사이에 탈해가 매가 되니, 왕은 독수리가 되었다. 또 탈해가 참새가 되니, 왕은 새매가 되었다. 그러나 그렇게 변할 때마다 눈 깜짝할 시간도 걸리지 않았다.

탈해가 본 모습으로 돌아오자, 왕도 또한 그렇게 하였다. 탈해가 그제야 항복하며 말하기를 "내가 술법겨룸을 하면서 독수리 앞의 매, 새매 앞의 참새가 되었다가도 살아났다. 이는 대개 살생을 미워하는 성인의 어진 천품으로 말미암은 것이 아닌가. 내가 왕과는 자리를 다투기가 어렵겠다."고 하더니 선뜻 절을 하며 물러갔다. 민교 밖 나루터에 이르러 중국 배들이 와 닿는 물길을 따라갔다. 이럭저럭 머물며 반란을 꾸밀까 왕이 슬그머니 염려되어 수군의 배 5백 척을 풀어 뒤를 쫓았다. 탈해가 계림국 경계 안으로 도망해 들어가매, 수군이 모두 돌아왔다.[7]

④脫解 齒叱今(달리 吐解 尼師今이라고도 한다.) 南解王 때 (古本에서 임인년에 이르렀다고 한 것은 그릇된 것이다. 가까이 쳐서는 弩禮王이 왕위에 오른 당초보다도 후로 되니 왕위를 서로 사양한 일이 있을 수 없으며 그전으로 쳐서는 赫居世 시대로 되는 까닭에 임인이 아니라는 것을 알 수 있다) 가락국 바다 가운데 웬 배가 와서 닿으니 그 나라의 首露王이 신하, 백성들과 함께 북을 치고 떠들면서 마중을 나가 머물게 하려 하였다. 그러나 그 배는 나는 듯이 달아나서 계림국 동쪽 下西知村(지금도 웃서지, 아랫서지 라는 촌명이 있다) 阿珍浦에 이르렀다. 마침 포구가에 한 노파가 있어, 이름을 阿珍義先이라 하니 혁거세왕의 고기잡이 할미였다.

바라보다가 말하기를 "이 바다 가운데는 본래 바위돌이 없었는데 어디서 까치들이 몰려들어서 짖는고" 하면서 배를 저어 나가서 찾아본즉 한 배위에 까치들이 몰려 앉았고 배 가운데는 길이 스무 자에 너비 열석 자나 되는 궤짝이 있었다. 그 배를 끌어다가 한 나무 숲 아래 놓고 길할지 흉할지 알 수 없어 하늘에 맹서한 다음 한참 있다가 열어보니 단정하게 생긴 사내아이가 있었고, 아울러 七寶며 노비가 가득 있었다.

이레 동안 잘 보살펴주니 그제야 말하기를 "나는 본래 龍城國(또는 正明國이라고도 하고 완하국이라고도 한다. 완하를 혹 화하국이라고도 한다. 용성은 왜의 동북쪽 1천리 밖에 있다) 사람이다. 우리나라에는 일찍이 28명의 龍王이 있었는데, 모두 사람의 胎에서 나왔고, 5·6세 때부터 왕위를 이어 만민을 가르쳐 性命을 올바르게 하였다. 八品의 姓骨이 있으나 선택하는 일이 없이 모두 大位에 올랐다.

이때 우리 父王 含達婆가 積女國의 王女를 맞아서 妃를 삼았더니 오래도록 아들이 없으므로 기도하여 아들을 구할 새, 7년 뒤에 大卵 하나를 낳았다. 이에 大王이 군신에게 묻되 사람으로서 알을 낳음은 고금에 없는 일이니 이것이 불길한 징조라 하고 궤를 만들어 나를 그 속에 넣고 또 七寶와 奴婢를 배 안에 가득 실어 바다에 띄우면서 축원하되 '마음대로 인연 있는 곳에 가서 나라를 세우고 집을 이루라' 하였다. 그러자 문득 붉은 龍이 나타나 배를 호위하여 여기에 왔노라" 하였다.

말을 마치자, 그 아이가 지팡이를 끌며 두 종을 데리고 吐含山에 올라 石塚을 만들고 七日동안 머무르면서 城中에 살만한 곳이 있는가 바라보았다. 마침 초생달 같이 둥근 峰岡이 있어 地勢가 오래 살 만한 곳이 있었다. 내려와 찾으니 바로 瓠公의 집이었다. 이에 꾀를 내어, 몰래 숫돌과 숯을 그 곁에 묻고 이튿날 이른 아침에 그 집 문에 가서 이것이 우리 祖上 때의 집이라 하였다. 瓠公은 그런 것이 아니라 하여 서로 다투어 결단치 못하고 官家에 고하였다. 官에서 '무엇으로써 너의 집임을 증거하겠느냐' 하니, 아이가 가로되 '우리는 본래 대장장이었는데, 잠시 이웃 시골에 간 동안 다른 사람이 빼앗아 살고 있으니 그 땅을 파보면 알 것'이라 하였다. 그 말대로 파보니 과연 숫돌과 숯이 있으므로, 그 집을 차지하게 되었다. 이때 남해왕이 탈해의 슬기 있음을 알고 맏공주로 아내를 삼게 하니 이가 阿尼夫人이다. ……

옛적 내 집이라 해서 남의 집을 빼앗았으므로 성을 昔씨라 하였다. 혹은 까치(鵲)로 인하여 궤를 열게 되었으므로 鵲字에서 鳥字를 떼고 昔씨라 姓하였다고도 하고, 또 궤를 풀고 알에서 벗어져 나왔으므로 이름을 脫解라 하였다 한다. 재위 23년 建初 4년(79) 기묘에 돌아가니 疏川丘 속에 장사지냈던 바, 그 뒤에 神詔가 있되 '나의 뼈를 삼가 묻으라' 하였다. 그 頭骨의 둘레가 3척2촌, 身骨의 길이가 9척7촌이나 되며 이가 엉키어 하나가 된 듯하고 骨節이 모두 이어졌으니 참으로 천하에 짝이 없는 力士의 골격이었다. 부서서 塑像을 만들어 闕內에 모셨더니 神이 또 일러 가로되 내 뼈를 東岳에 두라 하므로 (거기에) 봉안케 하였다.[8]

⑤永平 3년(60) 경신 8월 4일에 瓠公이 밤에 月城 西里를 가다가 큰 빛이 始林(혹은 鳩林) 속에서 나타남을 보았다. 紫色 구

름이 하늘에서 땅에 뻗쳤는데, 구름 가운데 黃金 궤가 나무 끝에 걸렸고 그 빛이 궤에서 나오며 또 흰 닭이 나무 밑에서 우는지라 이것을 왕에게 아뢰었다. 왕이 그 숲에 가서 궤를 열어보니 그 속에 남자 아이 하나가 누워 있다가 일어났다. 마치 혁거세의 古事와 같으므로, 그 말에 인하여 閼智라 이름 하니 閼智는 곧 우리말에 小兒를 말함이다.

아이를 안고 대궐로 돌아오니 새와 짐승 등이 서로 따르며 기뻐해서 모두 뛰놀았다. 왕이 吉日을 택하여 태자로 책봉하였으나, 후에 婆娑에게 사양하고 왕위에 나아가지 않았다. 금궤에서 나왔다 하여 성을 金씨라 하였다. 알지는 熱漢을 낳고 漢은 阿都를 낳고 都는 首留를 낳고 留는 郁部를 낳고 部는 俱道(혹은 仇刀)를 낳고 道는 未鄒를 낳아 鄒가 왕위에 오르니 신라의 김씨는 알지에서 시작하였다.[9]

ⓔ9년(65) 3월에 왕이 밤에 金城(월성) 서쪽 始林 숲속 사이에서 닭이 우는 소리를 듣고, 날이 밝자 호공을 파견하여 이를 살펴보게 하였다. 그가 시림에 이르러 보니 금색으로 된 조그만 궤짝이 나뭇가지에 걸려 있고, 흰 닭이 그 밑에서 울고 있으므로 돌아와 이 사실을 아뢰었다. 왕이 사람을 시켜 그 궤짝을 가져오게 한 다음, 이를 열어 보니 조그만 사내아이가 그 속에 들어 있는데 용모가 기이하게 뛰어났다. 왕은 기뻐하며 군신들에게 이르기를, "이 어찌 하늘이 나에게 아들을 보내준 것이 아니겠는가?"하고 거두어 길렀다. 자람에 따라 아주 총명하고 지략이 많

았으므로, 이름을 閼智라 하고, 금궤 속에서 나왔다고 하여 성을 金씨라 하였다. 또 시림을 고쳐 鷄林이라 이름하고 이를 국호로 삼았다.10)

百濟

백제 시조인 溫祚王은 그 아버지가 雛牟王이니 혹은 朱蒙이라고도 이른다. 북부여로부터 재난을 피하여 졸본부여에 이르렀다. 부여왕이 아들은 없고 단지 딸만 셋을 두었는데, 주몽을 보고 비범한 인물이라는 것을 알아서 둘째딸을 아내로 주었다. 얼마 지나지 않아 부여왕은 죽고 주몽이 왕위를 이었다. 아들 둘을 낳으니 맏이는 沸流요, 다음은 온조이다(혹은 주몽이 졸본으로 온 다음 월군 여자에게 장가를 들어서 두 아들을 낳았다고도 한다). 주몽이 북부여에 있을 때 낳은 아들이 와서 태자가 되자 비류와 온조는 태자에게 용납되지 못할 것이 두려워서 烏干, 馬黎 등의 열 신하와 함께 남쪽으로 떠났다. 백성들도 따라온 이가 많았다.

드디어 漢山에 이르러 負兒岳에 올라가 살만한 땅을 바라보는데, 비류는 바닷가로 가서 살려고 하였다. 열 신하가 간하기를 "오직 이 하남이란 땅은 북쪽으로 漢水가 둘리고 동쪽으로 높은 산악이 있고 남쪽으로 비옥한 벌이 펼쳐지며 서쪽으로 큰 바다에 막히니 그 험준하고 유리함이 심히 얻기 어려운 곳이라 여기서 도읍을 차리는 것이 마땅치 않습니까." 하였으나 비류는 듣지 않고 그 백성을 나누어 彌雛忽로 가서 살았다. 온조는 河南

慰禮城에다가 도읍을 차린 다음 열 신하로 보좌를 삼아 나라 칭호도 十濟라고 하였으니 이 때가 漢나라 홍가 3년(기원전 18년)이었다.

비류는 미추홀의 땅이 습하고 물이 짜서 편안하게 살 수 없었다. 위례에 와 본즉 도읍이 정해지고 백성들이 태평하게 살므로 드디어 부끄럽고 후회되어 죽어버리니 그의 신하와 백성까지 위례로 돌아왔다. 후일 처음 올 때 백성들이 즐겁게 따라왔다고 해서 百濟라고 나라 이름을 고쳤다. 그 집안 내력은 고구려와 함께 부여에서 나왔기 때문에 '부여'로 성을 삼았다.[11]

2. 토착신앙과 종교

虎神

또 호랑이를 神으로 여겨 제사지낸다. 부락을 함부로 침범하면 벌로 生口와 소·말을 부과하는데, 이를 責禍라 한다. 사람을 죽인 사람은 죽음으로 그 죄를 갚게 한다. 도둑질하는 사람이 적다.[12]

蘇塗

또 여러 나라에는 각각 別邑이 있으니 그것을 蘇塗라 한다. (그곳에) 큰 나무를 세우고 방울과 북을 매달아 놓고 귀신을 섬긴다. (다른 지역에서) 그 지역으로 도망 온 사람은 누구든 돌려보내지 아니하므로 도적질하는 것을 좋아하게 되었다. 그들이

蘇塗를 세운 뜻은 浮屠와 같으나, 행하는 바의 좋고 나쁜 점은 다르다.13)

骨占

전쟁을 하게 되면 그 때도 하늘에 제사를 지내고, 소를 잡아 그 발굽을 보아 길흉을 점치는데, 발굽이 갈라지면 흉하고 발굽이 붙으면 길하다고 생각한다. 적군이 있으면 諸加들이 몸소 전투를 하고, 下戶는 양식을 져다가 음식을 만들어 준다.14)

山川祭

고구려는 해마다 3월 3일에는 낙랑의 산언덕에 모여 사냥을 하여 잡은 돼지와 사슴 등으로써 하늘 및 산천에 제사를 지냈다. 그 날이 되면 왕도 사냥을 나갔는데 군신들과 5부의 군사들도 모두 왕을 따라 나갔다.15)

祭天

19년(기원전 1) 8월에 郊豕를 놓쳐 버렸으므로 왕은 託利와 斯卑로 하여금 이를 쫓아 붙잡게 하였다. 長屋澤 가운데에 이르러 이를 잡을 수 있었으나 그들이 칼로 교시의 다리를 끊어 놓았다. 왕이 이 말을 듣고 노하여 말하기를, "祭天의 犧牲을 어찌 상하게 할 수 있느냐" 하며 드디어 탁리와 사비를 구덩이 속에 던져 죽였다.16)

始祖神 신앙

①神廟가 두 군데 있는데, 하나는 扶餘神이라 하여 나무를 조
각하여 부인상을 만들었고 하나는 高等神으로 그들의 시조이며
부여신의 아들이라고 한다. 두 신묘에는 관사를 설치하고 사람
을 파견하여 수호하는데, 그 두 신은 대체로 河伯女와 朱蒙이라
고 한다.17)

②4년(645) 5월에 비사성이 함락되어 남녀 8천명이 죽었다.
…… 성안에는 朱蒙의 사당이 있고, 사당에는 쇠사슬 갑옷과 날
카로운 창이 있었는데, 전하는 말에 '前燕시대에 하늘에서 내린
것'이라고 하였다. 적이 쳐들어와 포위가 위급할 때 미녀를 꾸며
婦神으로 만들고는 무당이 말하기를, "주몽이 기뻐하여 성이 완
전할 것이다" 하였다.18)

풍요제의

해마다 연초에는 浿水가에 모여 놀이를 하는데, 왕은 腰輿를
타고 나가 羽儀를 나열해 놓고 구경한다. 놀이가 끝나면 왕이
의복을 물에 던지는데, (군중들은) 좌우로 두 편으로 나누어 물
과 돌을 서로 뿌리거나 던지고 소리치며 쫓고 쫓기기를 두세 번
되풀이하고 그만 둔다.19)

死靈의 힘

19년(기원전 1) 9월에 왕이 병에 걸렸다. 무당이 말하기를,

'이는 탁리와 사비가 저주하는 까닭이라' 하므로 왕이 사자를 보내 이를 사과하였더니 곧 병이 나았다.[20]

징조의 해석

3년(148) 7월에 왕이 平儒原에서 사냥하는데, 白狐가 울면서 따라 오므로 이를 쏘았으나 맞지 않았다. 巫堂에게 물으니 말하기를, "여우란 놈은 요망한 짐승으로 상서로운 일이 못되는데, 하물며 그 빛이 흰 것은 더욱 괴이하다 할 것입니다. 그러나 하늘은 곡진하게 말할 수 없는 까닭으로, 이런 요망하고 괴이한 놈을 내어 보이는 것입니다. 이는 임금으로 하여금 두려운 마음으로 스스로 반성하여 잘못을 고치도록 하라는 것이오니, 임금께서 만약 덕을 닦으시면 가히 화가 바뀌어 복이 될 것입니다." 하였다. 왕이 말하기를, "흉하면 흉하고, 길하면 길할 뿐인데, 이미 요망하고 괴이하다고 해놓고서 또 복이 된다고 하니 이 어찌된 거짓말이냐" 하고 곧 그를 죽여버렸다.[21]

천지신 제사

①11년(489) 가을에 큰 풍년이 들어서 國南海村 사람이 潁禾를 모아 바쳤다. 10월에 왕이 단을 설치하고 천지에 제사지냈다. 11월에는 군신을 南堂에 모아 잔치를 베풀었다.[22]

②35년(634) 3월에는 궁성의 남쪽에 연못을 파고 20여 리에서 물을 끌어들이고 사방의 언덕에 버드나무를 심고 연못 속에

섬을 만들었는데, 方丈仙山을 모방하였다.[23)]

神人

또 郡中에는 日山·吳山·浮山이라고 하는 三山이 있는데, 백제 전성시대에 그 산 위에 神人이 각각 있어 서로 朝夕으로 늘 날아다녔다 한다.[24)]

天神祭

신라 6부가 모여서 얼룩소를 잡고 술을 빚어 제사하였으며, 이 일을 맡은 사람은 …… 만약 이를 지키지 않는 자는 하늘로부터 죄를 얻을 것이다.[25)]

神母

처음 堤上이 떠나갈 때 부인이 듣고 쫓아 가다가 미치지 못하고 望德寺門 남쪽 모래 위에 이르러 거기서 드러누워 길이 부르짖었으므로 그 모래를 長沙라 하였다. 그 친척 두 사람이 그를 부액하여 집으로 돌아오려는데, 부인이 다리를 뻗고 앉아 일어나지 아니하였으므로 그 땅을 伐知旨라 하였다. 오랜 뒤에 부인이 그리움에 견디지 못하여 세 딸을 데리고 鵄述嶺에 올라가 倭國을 바라보고 통곡하다가 죽어 마침내 鵄述神母가 되니 지금도 그 祠堂이 있다.[26)]

仙靈 福地 보호

12년(413) 8월에 구름이 狼山에 일어났는데, 누각 같이 보이고 향기가 매우 성하게 퍼지며 오랫동안이나 없어지지 않았다. 왕이 군신들에게 말하기를, "이는 반드시 하늘에서 仙靈이 내려와 노는 것이니 그 곳은 응당 福地일 것이다."하고, 그 뒤부터는 누구나 그 곳에서 나무를 베지 않도록 금하였다.27)

山海精靈

5년(879) 3월에 왕이 나라 동쪽 지방의 주군에 행차하였다. 이때 알지 못하는 사람 4명이 어전에 나타나 노래하고 춤을 추는데, 그 모양이 괴이하고 또 의관도 다르므로 사람들이 말하기를, '山海精靈'이라 하였다. (古記에는 왕의 즉위 원년의 일이라고 말했다.)28)

정복 神

①素戔嗚尊의 하는 짓이 매우 버릇이 없었으므로 여러 신들이 千座置戶의 벌을 내리고 마침내 쫓아냈다. 이때 素戔嗚尊은 그의 아들 五十猛神을 데리고 新羅國에 내려가 曾尸茂梨란 곳에서 살았다. 말하기를, "나는 이 땅에서 살고 싶지 않다." 하고는 찰흙으로 배를 만들어 그것을 타고 동쪽으로 바다를 건너 出雲國 簸川가에 있는 鳥上峰에 도착했다. 그때 그곳에는 사람을 잡아먹는 큰 뱀이 있었다. 素戔嗚尊이 天蠅斫劍으로 그 큰 뱀을 베어 죽였다. 뱀의 꼬리를 벴을 때 칼날이 이지러졌으므로 꼬리

를 쪼개 보니 꼬리 가운데 한 자루의 神靈스런 칼이 있었다. 素戔嗚尊이 "이것은 내가 사사로이 사용할 수 없다"하고는 五世孫 天之葺根神을 보내 하늘에 바쳤다. 이것이 지금의 이른바 草薙劍이다.

처음에 五十猛神이 하늘에서 내려올 때 나무의 種子를 많이 가지고 왔다. 그러나 韓地에는 심지 않고 모두 가지고 돌아와 마침내 筑紫로부터 大八洲國 안에 심어 푸른 산이 되지 않음이 없었다. 그런 까닭에 五十猛命을 일컬어 공이 있는 神이라 하는데, 紀伊國에 모셔진 신이 바로 이것이다.[29]

②일설에는 다음과 같다. 과거에 都怒我阿羅斯等이 자기나라에 있을 때 황소에 농기구를 싣고 농막에 가려고 했는데, 황소가 갑자기 없어졌다. 그 자취를 찾아보니 발자취가 한 郡家 안에 머물렀다. 당시 한 노인이 "너희가 찾는 소는 이 郡家 안으로 들어갔다. 그런데 郡公 등이 '소가 짊어진 물건으로 미루어 보니 반드시 죽여서 먹으려는 것이다. 만약 그 주인이 찾아 오면 물건으로 배상하자' 하고 곧 죽여서 먹었다. 만약 소 값으로 어떤 물건을 얻기를 바라는지 물으면 재물을 바란다고 하지 말고 郡에서 제사지내는 神을 얻고자 할 뿐이라고 말하라"고 하였다.[30]

③이미 황후는 신의 가르침이 징험이 있음을 알아서 다시 하늘과 땅의 신에게 제사지내고 몸소 서쪽을 치고자 하였다. 이에 神田을 정하여 이를 경작시켰다. 그 때에 儺河의 물을 끌어다가

神田을 기름지게 하고자 도랑을 팠는데, 迹驚岡에 이르러 커다란 바위가 막고 있어 도랑을 팔 수 없었다. 황후가 武內宿禰를 불러 칼과 거울을 받들고 하늘과 땅의 신에게 기도하여 도랑이 통하기를 구하게 했다. 그러자 천둥과 번개가 쳐 바위를 깨뜨려 물을 통하게 하였다. 그래서 그 때 사람들이 그 도랑을 裂田溝라 하였다.31)

④9년(209) 여름 4월 임인 초하루 갑진, 북으로 火前國 松浦縣에 이르러 玉嶋里의 작은 냇가에서 식사를 하였다. 이때 황후가 바늘을 구부려 낚시바늘을 만들어 밥알을 미끼로 하고 치마의 실을 풀어서 낚시줄로 하여 물 가운데의 돌 위로 올라가 낚시를 던지고 "짐은 서쪽의 財國(新羅)을 얻고자 합니다. 만약 일이 이루어질 것이라면 물고기가 낚시를 물게 하소서"라고 빌었다. 인하여 낚시대를 드니 비늘이 잔 고기가 걸려 있었다. 이때 황후가 말하기를 "보기 드문 것이다"라고 하였다. 그래서 그때 사람들이 그곳을 梅豆羅國이라 불렀다.32)

鷄神

천축국 사람이 신라를 '구구타예설라'라 일렀으니 구구타는 鷄를 말함이고, 예설라는 貴를 말한 것이다. 그 나라에서는 서로 전해 말했다. "신라에서는 鷄神을 받들어 높이 여기는 까닭으로 그 깃을 꽂아서 (관을) 장식한다".33)

日神과 月神

①풍속·刑政·衣服은 대략 고구려·백제와 같다. 매달 초하룻날에는 서로 賀禮를 하는데, 왕이 연회를 베풀어 뭇 관원의 노고를 치하한다. 이날에는 日神과 月神에게 祭를 올린다. 8월 15일에는 풍악을 베풀고 官人들로 하여금 활을 쏘게 하여 말과 베를 상으로 준다.[34]

②3년(487) 봄 2월 정사 초하루, 阿閇臣事代가 명을 받들고 任那에 사신으로 갔다. 이때 月神이 사람에게 의탁하여 "나의 조상 高皇産靈은 이미 天地를 녹여 만든 공이 있었으니, 백성의 땅으로 月神인 나를 받들어야 한다. 만약 청에 따라 나에게 바친다면 복과 경사가 있으리라"고 하였다.[35]

③제8대 阿達羅王 즉위 4년(157) 정유에 동해변에 延烏郞과 細烏女 부부가 살고 있었다. 하루는 연오가 바다에 가서 海藻를 따고 있는 중 홀연히 한 바위가 있어 (그를) 싣고 日本으로 가버렸다. 그 나라 사람들이 보고 이는 비상한 사람이라 하여 왕을 삼았다. 세오가 그 남편이 돌아오지 않는 것을 괴이히 여겨 가 찾아보니 남편의 벗어 놓은 신이 있는지라 그 바위 위에 올라가니 바위가 또한 전과 같이 그를 싣고 갔다. 그 나라 사람들이 보고 驚疑하여 왕에게 아뢰니 부부가 서로 만나 貴妃가 되었다.

이때 신라에서는 日月이 광채를 잃었다. 日官이 아뢰되 "日月의 精이 우리나라에 있던 것이 지금 日本으로 갔기 때문에 이런

변이 일어났습니다"고 하였다. 왕이 使者를 일본에 보내 두 사람을 찾으니 연오가 가로되 "내가 이 나라에 온 것은 하늘이 시킨 것이라 이제 어찌 돌아갈 수 있으랴. 그러나 나의 妃가 짠 細綃가 있으니 이것으로 하늘에 제사를 지내면 좋으리라" 하고 그 비단을 주었다. 使者가 돌아와 아뢰고, 그 말대로 제사를 지내니 과연 日月이 전과 같았다. 그 비단을 御庫에 두어 國寶를 삼고 그 창고를 貴妃庫라 하며 祭天한 곳을 迎日縣 또는 都祈野라고 하였다.36)

祖上神

14년(297) 정월에 智良을 伊湌으로, 長昕을 一吉湌으로, 順宣을 沙湌으로 삼았다. 이때 伊西古國이 金城으로 쳐들어오므로, 아군은 크게 군사를 동원하여 적을 방어하였으나, 능히 이를 격파하지 못하였다. 그런데 갑자기 이상한 군사들이 몰려왔는데, 그 수효가 헤아릴 수 없이 많았다. 그 군사들은 모두 댓잎을 머리에 꽂고 아군과 함께 적을 격파하였다. 그러나 뒤에 그들이 돌아간 곳을 알지 못하였다. 이 때 어떤 사람이 댓잎 수만 개가 竹長陵에 쌓여 있는 것을 보았다고 하므로, 이에 나라 사람들은 말하기를, "이는 선왕(미추왕)이 陰兵을 내어 싸움을 도운 것이다"라고 하였다.37)

릉의 보호

①37대 惠恭王때 大曆 14년(779) 기미 4년에 홀연히 회오리

바람이 庾信公 무덤에서 일어났다. 그 가운데 한 사람이 駿馬를 타고 나타났는데 장군의 모양과 같았다. 또한 衣甲과 器仗을 차린 40人 가량이 그 뒤를 따라 竹現陵으로 들어갔다. 조금 있더니 능 속에서 마치 진동하고 우는 듯한 소리가 나고 혹은 呼訴하는 듯한 소리도 들렸다. 그 말에 가로되 "臣이 평생에 輔時救難, 匡合의 功이 있었고 지금 魂魄이 되어도 나라를 鎭護하여 災殃을 물리치고 患難을 구하고자 하는 마음이 잠시도 변함이 없는데 지난 경술년(770)에 신의 자손이 죄 없이 죽음을 당하였으니, (이것은) 君臣이 모두 나의 功烈을 생각지 않는 것이라. 신은 차라리 다른 곳으로 옮겨가서 다시는 勤勞하지 않겠으니 왕은 허락하소서" 하였다. 왕이 대답하되 "나와 공이 이 나라를 수호치 않는다면 저 백성들은 어떻게 할 것인가. 공은 다시 전과 같이 노력하라" 하고 세 번이나 청해도 다 듣지 않으니 회오리 바람은 돌아갔다.

왕이 듣고 놀라서 大臣 金敬信을 金公陵에 보내 사과하고 공을 위하여 功德寶田 30結을 鷲仙寺에 내리어 冥福을 빌게 하니 이 절은 공의 平壤討定後에 복을 빌기 위하여 세운 것이었다. 味鄒王의 靈이 아니었다면 김공의 怒를 막지 못하였을 것이니, 왕의 나라를 진호함이 크다고 아니할 수 없다. 그러므로 國人이 그 덕을 생각하여 三山과 함께 제사 지내기를 게을리 하지 않고 序次를 五陵의 위에 놓아 大廟라고 일컬었다.[38]

② 8년(234) 9월에 태후 于氏가 돌아갔는데, 태후는 임종할 때

유언하기를, "내가 좋은 행실을 못하였으니, 장차 무슨 면목으로 지하에서 國襄을 보리오. 만약 군신들이 차마 구렁에 버리지 아니하려면 나를 山上王陵 곁에 묻어 주기를 원한다" 하였으므로 그 말대로 장사지냈다. 그런데 巫者가 말하기를, "국양왕이 나에게 내려와 말하기를, '어제 우씨가 산상에 돌아온 것을 보고 분함을 이기지 못하여 그와 더불어 싸웠는데 돌아와서 이를 생각하니 낯이 뜨거워서 차마 백성들을 볼 수 없겠다. 너는 조정에 알려서 나를 무슨 물건으로써 막아달라'고 한다" 하므로 능 앞에 소나무를 일곱 겹으로 심었다.[39]

③5년(296) 8월에 慕容廆가 침입하여 故國原에 이르러, 西川王의 능묘를 보고 사람을 시켜 팠다. 그러자 役夫 중에 폭사한 사람이 있고, 또한 壙 안에서 음악소리가 들리므로, 모용외는 귀신이 있는 것이라고 두려워하여 곧 군사를 이끌고 도망하였다.[40]

④國岡上廣開土境好太王이 살아 계실 때에 敎를 내려 말하기를, "선조 왕들이 다만 원근에 사는 舊民들만을 데려다가 무덤을 지키며 소제를 맡게 하였는데, 나는 이들 구민들이 점점 몰락하게 될 것이 염려된다. 만일 내가 죽은 뒤 나의 무덤을 편안히 수묘하는 일에는, 내가 몸소 다니며 略取해온 韓人과 穢人들만을 데려다가 무덤을 소호·소제하게 하라"고 하였다. 왕의 말씀이 이와 같았으므로 그에 따라 韓과 穢의 220家를 데려다가 수

묘하게 하였다. 그런데 그들 한인과 예인들이 수묘의 禮法을 잘 모를 것이 염려되어 다시 舊民 110가를 더 데려왔다. 新·舊 수 묘호를 합쳐 國烟이 30가이고 看烟이 300가로서 도합 330가이 다.[41]

⑤또 도적들이 사당 안에 금과 옥이 많이 있다 하여 와서 그 것을 훔쳐 가려 하였다. 처음에 도적들이 오자 몸에 갑옷을 입고 투구를 쓰고 활에 살을 먹인 용사 한 사람이 사당 안으로부터 나와 화살을 사면으로 빗발처럼 쏘아서 7, 8명을 맞추어 죽이니, 도적들이 달아났다. 며칠 후에 다시 오니 큰 구렁이가 나타나는 데, 길이는 30 몇 척이나 되고 눈빛은 번개 같았다. 사당 곁에서 나와 8,9명을 물어 죽이니 겨우 죽음을 면한 자들이 모두 엎어 지면서 달아났다.[42]

3. 토착신앙과 외래신앙의 갈등

불교 전래에 대한 토착신앙의 반응

제21대 毗處王(혹은 炤智王이라고 쓴다) 즉위 10년(488) 무 진에 (왕이) 天泉亭에 거동하였을 때 까마귀와 쥐가 와서 울더 니 쥐가 사람의 말을 하여 가로되 "이 까마귀의 가는 곳을 찾아 보라"고 하였다.(혹은 이르기를 神德王이 興輪寺에 行香하려 할 새, 길에서 여러 쥐들이 꼬리를 물고 있는 것을 보고 괴상히 여 겨 돌아와 占을 치니 이튿날 "먼저 우는 새를 찾으라" 하였다 한다. 그러나 이 말은 그릇된 것이다.) 왕이 騎士를 명하여 좇아서 남으로 避村에 이르러 두 도야지가 싸우는 것을 서서 보다가 홀연히 까마귀가 간 곳을 잊어버리고 길가에서 헤매고 있었다. 이때 한 노인이 못 가운데서 나와 글을 올리니 겉봉에 쓰여 있되 "이를 떼어보면 두 사람이 죽을 것이고 떼어보지 않으면 한 사람이 죽을 것이다" 하였다. 騎士가 와서 왕께 드리니 왕이 말하되 "두 사람이 죽을진대 차라리 떼보지 않고 한 사람만 죽는 것이 옳겠다."고 하였다. 日官이 아뢰되 "두 사람이란 것은 庶民이요, 한 사람이란 것은 王이니이다" 하였다. 왕이 그렇게 여겨 떼어보니 그 글에 '琴匣을 쏘라' 하였다. 왕이 궁에 들어가 금갑을 쏘니 그 안에서 내전에서 焚修하는 중이 宮主와 相奸하고 있었다. 두 사람은 伏誅되었다.

이로부터 國俗에 매년 정월 上亥·上子·上午日에는 百事를 삼가 감히 동작을 아니하고, 十五日을 烏忌日이라 하여 찰밥으로 제사지내니 지금도 행하고 있다. 俚言에 이것을 怛忉라 하니, 슬퍼하고 근심해서 百事를 禁忌하는 뜻이다. 그 못을 이름지어 書出池라 하였다.[43)]

불교의 토착신 제압

매양 보매 한 大鬼가 小鬼를 거느리고 와서 家中의 모든 음식물을 맛보는데 무당이 와서 祭祀 지내면 귀신 무리가 모여 다투어 悔辱하였다. 金良圖가 그 무리를 물러가도록 명령하려 하였으나 입이 붙어 말을 할 수 없었다. 家親이 法流寺의 僧을, 그의 이름은 전하지 않지만, 청하여 경을 轉讀케 하니 대귀가 소귀를 명하여 철퇴로 중의 머리를 쳐 땅에 넘어뜨리니 피를 토하고 죽었다.

며칠 후 사환을 보내어 密本을 맞아오게 하였다. 사환이 돌아와 말하되 "密本法師가 우리 청을 들어 장차 올 것이라" 하니, 衆鬼가 듣고 모두 실색하였다. 小鬼가 말하되 "법사가 오면 피하는 것이 좋다" 하였다. 大鬼는 悔慢自若하여 "무슨 해가 있으랴" 하였다. 조금 있더니 사방에서 金甲과 長戟으로 무장한 大力神이 나타나 群鬼를 잡아 결박하여 가고 다음엔 무수한 天神이 둘러서서 기다렸다. 얼마 안되어 밀본이 와서 경을 펴기도 전에 양도는 병이 나서 말이 통하고 몸도 풀리어 사실을 자세히 말하였다. 양도가 이로 말미암아 부처를 독실하게 믿어 일생토록 게을리 하지 아니하였다. 흥륜사 吳堂의 主佛인 彌勒尊像과 좌우보살을 塑成하고 아울러 금색으로 堂의 벽화를 그렸다. 밀본은 일찍이 金谷寺에 거주하였다.44)

토착신앙적 사고와 불교적 관념의 혼합

제27대 德曼의 시호는 善德女大王이요 성은 김씨니 부는 眞平王이었다. 貞觀 6년(632) 임진에 즉위하여 치국한 지 16년 동안에 豫知한 일이 세 가지가 있다. 첫째는 唐太宗이 紅·紫·白 三色으로 그린 牧丹과 그 씨 三升을 보냈다. 왕이 그 그린 꽃을 보고 이르되 "이 꽃은 필시 향기가 없을 것이라"하고 이어 씨를 뜰에 심었더니 그 꽃이 피어 떨어질 때 과연 그의 말과 같이 향기가 없었다.

둘째는 靈廟寺 玉門池에서 겨울에 많은 개구리가 모여 3,4일 동안 우는 고로 國人들이 괴이히 여겨 왕에게 물었더니 왕이 갑자기 角干 閼川·弼呑 등을 시켜 "精兵 2천인을 조련하여 속히 西郊에 가서 女根谷을 탐문하면 거기에 반드시 적병이 있을 터이니 곧 잡아 죽이라" 하였다. 두 각간이 명령을 받들어 각각 천 명을 거느리고 서교에 가서 물으니 富山 아래에 과연 女根谷이 있고 백제병 5백명이 거기 와서 있으므로 모두 잡아 죽였다. 백제장군 亐召란 자는 남산 고개 바위 위에 숨었으므로 이를 에워싸 사살하고 또 후속 부대 1천3백명이 오는 것을 쳐서 죽여 한 사람도 남기지 아니하였다.

셋째는 왕이 無病할 때에 군신에게 이르기를 "내가 모년 모월 일에 죽을 터이니 나를 忉利天中에 묻으라"고 하였다. 군신은 그 곳을 알지 못하여 어디냐고 물으니, 왕이 가로되 狼山 남쪽이라 하였다. 그 달 그 날에 이르러 과연 왕이 돌아가자 낭산 남쪽에 장사지냈더니, 그 후 십여 년에 文虎大王이 四天王寺를 王陵 아래에 세웠다. 佛經에 四天王天의 위에 도리천이 있다고 하였으니 비로소 대왕의 靈聖한 것을 알게 되었다.

(살아 있을) 당시에 신하들이 왕에게 "어찌하여 꽃과 개구리의 두 가지 일을 아셨습니까" 하였더니, 왕이 가로되 "꽃을 그리고 나비가 없으니 그 향기가 없음을 알 수 있다. 이것은 唐主가 나의 배우자 없음을 희롱함이다. 또 개구리의 노한 형상은 兵士의 형상이며, 玉門은 즉 女根이니 여자는 陰이요 그 빛이 희고

또 흰 것은 서쪽이므로 군사가 서쪽에 있음을 알 수 있으며, 男根이 女根에 들어가면 반드시 죽는 법이라 그러므로 쉽게 잡을 수 있음을 알았다.”고 하였다. 여러 신하가 모두 그 聖智에 경복하였다.[45]

토착신앙의 聖地에 들어선 불교사원

我道는 고구려 사람이고, 그 어머니는 高道寧이다. …… 어머니가 이르기를, “이 나라가 아직 佛法을 알지 못하나 이후 3천여 달 뒤에는 계림에 성왕이 출현하시어 불교를 크게 일으킬 것이다. 그 서울 안에 일곱 군데의 절터가 있으니, 첫째는 금교 동쪽의 天鏡林(지금 흥륜사)이요, 둘째는 三川岐(지금 영흥사)요, 셋째는 용궁 남쪽(지금 황룡사)이요, 넷째는 용궁 북쪽(지금 분황사)이요, 다섯째는 沙川 끝(지금 영묘사)이요, 여섯째는 神遊林(지금 천왕사)이요, 일곱째는 婿請田(지금 담엄사)이다. 모두 전세의 부처님 시대의 가람터로서 佛法이 길이 흐를 땅이니, 너는 거기로 돌아가 큰 가르침을 전파하고 떨치면 마땅히 불교의 개조가 될 것이다.”[46]

불교 공인을 둘러싼 갈등의 전말

15년(528)에 처음으로 불법을 공행하였다. 이보다 먼저 訥祇王 때에 沙門 墨胡子가 고구려로부터 一善郡에 이르렀는데, 郡人 毛禮는 집안에 굴을 파서 방을 만들고 모셨다. 이때 梁나라에서 사신을 파견하여 의복과 향을 보내왔으나, 군신들은 그 향의 이름과 그것의 사용하는 방법을 알지 못하였다. 그래서 사람들로 하여금 그 향을 가지고 돌아다니면서 사용법을 물었다. 묵호자가 이것을 보고 그 명칭을 일러주며 말하기를, "이것을 불에 태우면 향기가 아름답고, 정성을 들이면 신성에 통할 수 있다. 이른바 신성은 三寶에 더 지나지 않는데, 첫째는 佛陀이고, 둘째는 達摩이고 셋째는 僧伽이다. 만약 이것을 불태우면서 발원하면 반드시 신령의 응함이 있을 것이다" 하였다.

마침 왕녀가 병들어서 위태하므로 왕이 묵호자로 하여금 향을 피우고 발원하게 하였더니, 왕녀의 병이 얼마 아니하여 나았다. 이에 왕이 크게 기뻐하며 많은 예물을 주고 후하게 대접하였다. 묵호자가 궁성에서 나와 모례를 만나 왕에게 받은 물건을 주며 말하기를, "나는 이제 돌아갈 곳이 있다" 하고 작별하고는 갑자기 어디로 떠나으나, 그 간 곳을 알지 못하였다.

그 후 毗處王 때에 이르러 阿道라고 하는 중이 있어 시종하는 사람 3명을 데리고 또 일선군 모례의 집으로 왔는데, 그 의표는 묵호자와 같았다. 그는 몇 해를 살다가 병도 없이 죽었다. 그를 시종하던 3명은 그대로 머물러 살면서 經律을 강독하니, 갈수록 이를 신봉하는 사람이 늘었다.

이에 이르러 왕도 불교를 펴보려고 하였으나, 군신들이 이를 믿지 않고 이러니저러니 떠들며 말썽이 많으므로 이를 펴기가 어려웠다. 이때 근신 異次頓(혹은 處道라고도 함)이 왕에게 아뢰기를, "청하옵건대 소신을 처형함으로써 중의를 결정하소서" 하였다. 왕이 말하기를 "내 본시 佛道를 일으키고자 함인데, 어찌 무고한 사람을 죽이겠는가”하니 이차돈이 대답하여 말하기를, “만약에 불도를 행할 수만 있사오면 신은 비록 죽더라도 유감이 없겠나이다”하며 굳은 결의를 보였다.

왕이 곧 군신들을 불러놓고 불법 공행을 물으니 모든 사람들이 말하기를, “지금 僧徒들을 보면 머리를 깎고 이상한 의복을 입고 의논이 기괴하고 떳떳한 도리에 어긋나오니, 만약에 이를 그대로 내버려 두시면 후회가 있을까 염려됩니다. 臣 등은 비록 중죄를 처하더라도 감히 분부를 받들지 못하겠나이다.” 하였다. 이때 이차돈만이 홀로 말하기를, “지금 군신들의 말은 옳지 아니합니다. 대저 비상한 사람이 있은 연후에야 비상한 일이 있는 것입니다. 지금 듣사옵건대 佛法은 교리가 심오하다 하오니, 이를 가히 믿지 않을 수 없는 것으로 생각되나이다.” 하였다. 왕이 말하기를, “여러 사람들의 말을 깨뜨릴 수 없는데, 너만 홀로 다른 말을 하니 두 가지 의논을 좇을 수는 없다.” 하고 드디어 형리에게 명하여 그를 처형하게 하였다.

이차돈이 죽을 때에 말하기를, “나는 불법을 위하여 형을 받기로 하였다. 만약에 불법에 신령이 있다면 나의 죽음에는 반드시 이상한 일이 있을 것이다” 하였다. 이차돈의 목을 베자, 그 잘라진 목에서 피가 용솟음쳐 나오고 그 빛이 희어 마치 젖과 같았다. 이를 본 여러 사람들이 이를 이상하게 여겨 다시는 불법을 시행하는 일에 반대하지 아니하였다.[47]

4. 불교 신앙과 불교문화의 확산

왕의 출가

法興王은 이미 폐지된 佛法을 일으켜 절을 세워 절이 이룩되자 면류관을 벗고 가사를 입으며 궁에 있는 왕의 친척을 내놓아 절의 종으로 삼고 - 절의 종은 지금까지도 왕손이라 일컫는다. 후에 太宗王 때에 이르러 재상 金良圖가 불법을 믿었다. 두 딸이 있었는데, 花寶, 蓮寶라 했다. 몸을 던져 이 절의 종이 되었다. 또 逆臣 毛尺의 가족들을 잡아와 절의 노예로 삼았는데, 이 두 집안의 후손이 지금까지 끊어지지 않는다. - 그 절의 주지가 되어 몸소 불교를 널리 폈다.[48]

토착제의를 대체하는 불교

①50년(628) 여름에 큰 가뭄이 들므로 시장을 옮기고, 용을 그려 놓고 기우제를 지냈다.[49]

②원년(599) 12월에 왕이 영을 내려 살생을 금하게 하고, 민가에서 매와 새매를 거두어 놓아주며, 또 어렵 기구를 태워 버리게 하였다. 2년(600) 봄 정월에 王興寺를 창건하고, 俗人 30명을 중으로 삼았다. 이해 봄에 큰 가뭄이 들어 왕이 漆岳寺에 행차하여 비 오기를 기도하였다. [50]

③2년(688) 가을 7월 정사 초하루 병자, 백제의 沙門 道藏에

게 명해 비가 내리기를 청하도록 했다. 오전이 지나지 않아 온 나라에 비가 두루 왔다.[51]

불상 조성의 유행

죽령 동쪽 백 리 가량 되는 곳에 높이 솟은 산이 있었는데, 眞平王 9년(587) 갑신에 문득 사면이 한 발이나 되는 큰 돌이 하나 나타났다. 四方如來의 상이 새겨지고 홍색의 비단으로 싸여 있었다.[52]

신이한 능력의 과시

(憂助는) 신령스럽고 이상함이 이미 나타났으므로 드디어 출가하여 중이 되어 이름을 惠空이라 바꾸었다. 늘 한 작은 절에 살면서 언제나 미친 것처럼 크게 취해 삼태기를 지고 거리에서 노래하고 춤춘 까닭에, 그를 負簣和尙이라 불렀으며 그가 있는 절을 夫蓋寺라 했다. (부개는) 곧 궤의 우리말이다. 언제나 절의 우물 속에 들어가면 몇 달이나 나오지 않았으므로, 스님의 이름으로 그 우물 이름을 지었다. 우물에서 나올 때마다 푸른 옷 입은 신동이 먼저 솟아 나왔으므로, 절의 중이 이로써 나오는 시각을 알게 되었다. 나오더라도 옷은 젖지 않았다.[53]

백제불교의 일본 전파

①이 해(585), 蘇我馬子宿禰가 佛像 2구를 청하고 鞍部村主司馬達等과 池邊直氷田을 보내 사방에서 수행자를 찾게 했다.

이에 오직 播磨國에서 승려로서 환속한 자를 찾았는데 이름이 高麗惠便이었다. 大臣이 스승으로 삼았다. 司馬達等의 딸 嶋를 得度시켰는데, 善信尼라 한다(나이 11세였다). 또 선신니의 제자 2인을 득도시키니, 한 사람은 漢人夜菩의 딸 豊女로 禪藏尼이고, 또 한 사람은 錦織壺의 딸 石女로 惠善尼이다. 馬子는 홀로 佛法에 의지하여 세 비구니를 공경했는데, 세 비구니를 氷田直과 達等에게 맡겨서 衣食을 공급하게 하였다. 집 동쪽에 佛殿을 경영하여 彌勒石像을 안치하고 세 비구니를 청하여 齋會를 크게 열었다. 이때 達等이 齋食할 때에 佛舍利를 얻어 舍利를 馬子宿禰에게 바쳤다. …… 馬子宿禰가 또 石川宅에 佛殿을 지었는데, 佛法은 이로부터 비롯되었다.[54]

②이 해(즉위원년, 588) 백제국에서 사신과 승려 惠總·令斤·惠寔 등을 보내어 佛舍利를 바쳤다. 백제국이 恩率 首信, 德率 蓋文, 那率 福富味身 등을 보내 調를 진상하고 아울러 佛舍利, 승려 聆照 律師, 令威, 惠衆, 惠宿, 道嚴, 令開 등과 寺工 태량미태, 문가고자, 鑪盤博士 將德 백매순, 瓦博士 마내문노, 양귀문, 능귀문, 석마제네, 畵工 백가를 바쳤다. 蘇我馬子宿禰가 백제 승려들을 초청하여 受戒의 법을 묻고, 善信尼 등을 백제국 사신 恩率 首信 등에게 부탁하여 보내 학문을 배우도록 하였다. 飛鳥衣縫造의 선조 樹葉의 집을 허물어 비로소 法興寺를 지었다.[55]

일본 구법승의 고구려 유학

4년(645) 여름 4월 무술 초하루, 고려에서 학문을 배우던 승려 등이 "같이 공부하던 鞍作得志가 호랑이와 친구가 되어 그 술법을 배웠습니다. 메마른 산을 푸른 산으로 만들기도 하고 혹은 누런 땅을 흰 물로 만들기도 하는 등 각종 기이한 술법이 이루 다 헤아릴 수 없습니다. 또 호랑이가 그에게 針을 주며 '삼가하고 삼가 하여 사람들로 하여금 알지 못하게 하라. 이것으로 치료하면 낫지 않는 병이 없다'고 말하였는데, 과연 말한 바와 같이 치료하면 낫지 않음이 없었습니다. 得志는 항상 그 針을 기둥 안에 숨겨 놓았습니다. 후에 호랑이가 그 기둥을 부러뜨리고 그 針을 가지고 달아나 버렸습니다. 고려국은 得志가 자기 나라로 돌아갈 마음이 있음을 알고 毒을 써서 죽였습니다"라고 말하였다.[56]

칠성신앙

虎力伊干(武力 伊浪)의 아들 舒玄 角干 김씨의 장자는 유신이요, 아우는 흠순이다. 맏누이는 寶嬉니 小名은 阿海요, 妹弟는 文姬니 소명은 阿之였다. 유신공은 眞平王 17년(595) 을묘에 출생하였는데 七曜의 精氣를 타고났으므로 등에 七星의 무늬가 있고 또 신이한 일이 많았다. 나이 18세 되던 임신년(612)에 劍術을 닦아 國仙(花郎)이 되었다.[57]

미륵신앙

제24대 眞興王의 성은 김씨요, 이름은 彡麥宗 혹은 深麥宗이라고도 한다. 梁 대동 6년(540) 경신에 즉위하였다. 왕이 伯父 법흥왕의 뜻을 사모하여 마음껏 부처를 받들어 널리 佛寺를 일으키고 度牒을 주어 僧尼가 되게 하였다. 왕은 또한 천성이 온화하여 크게 神仙을 숭상해서 娘子의 아름다운 자를 가리어 原花를 삼았다. ……

원화를 폐하더니 그 후 여러 해에 또 생각하되 나라를 흥하게 하려면 반드시 風月道를 먼저 일으켜야 된다고 하여 다시 令을 내려 良家 남자의 善行 있는 자를 뽑아 花郞이라고 改稱하였다. 처음에 薛原郞을 받들어 國仙을 삼으니 이것이 化郞國仙의 시초이었다. 그래서 그의 기념비를 溟州에 세우고 이로부터 사람들로 하여금 惡을 고쳐 善에 옮기게 하고, 윗사람을 공경하고 아랫사람에게 順히 하니 五常·六藝三師·六正이 왕의 시대에 널리 행해졌다.

眞智王대에 이르러 興輪寺에 僧 眞慈란 이가 있어 항상 堂主 彌勒像 앞에 나아가 발원 서언하되 "우리 大聖이여 花郞으로 化身하여 이 세상에 나타나 내가 항상 얼굴을 가까이 하고 시종하게 하소서." 하였다. 그 간곡한 정성과 지극히 기원하는 정이 나날이 두터워지더니 어느 날 밤 꿈에 한 중이 "네가 熊川 水源寺에 가면 彌勒仙花를 볼 수 있으리라"하였다. 진자가 깨어 놀래며 일변 기뻐하여 그 절을 찾아 열흘 길을 갈 새 걸음마다 절하면서 그 절에 이르렀다. (절) 문밖에 잘 차려 입은 한 少年이 있어 반가운 눈웃음과 입맵시로 맞이하여 小門으로 인도하여 객실에 이르니 진자가 올라가서 읍하여 가로되 "그대가 일찍이 나를 모르거든 어찌 나를 접대함이 이렇게 은근하냐" 하였다. 郎이 대답하되 "나 역시 서울 사람이라 대사가 멀리서 옴을 보고 위로 영접할 뿐이다" 하고, 조금 있다가 문밖으로 나갔는데 그 간 곳을 알 수 없었다. ……

진자가 그 말대로 山下에 가니 山神靈이 老人으로 변하여 나와 맞아 이르되, "여기 와서 무엇을 하려느냐"하니 진자가 대답하되, "彌勒仙花를 뵙고 싶습니다" 하였다. 노인이 이르되 "전에 수원사 문밖에서 이미 미륵선화를 보았는데 다시 무엇을 구하려 왔느냐" 하였다. 진자가 듣고 놀래어 빨리 本寺에 돌아갔다.

그런지 月餘에 진지왕이 그 소문을 듣고 불러 그 사유를 물어 가로되, "낭이 자칭 京師人이라 하였으니 聖人은 거짓말을 하지 않거늘 어찌하여 城中을 찾아보지 않느냐" 하였다. 진자가 왕의 뜻을 받들어 衆徒를 모아 다니다가 보니 화려하게 단장하고 眉目이 수려한 소년이 靈廟寺 동북쪽 길가 나무 밑에서 거닐며 놀고 있었다. 진자가 놀라 맞아 말하기를, "이 분이 미륵선화이다" 하고 가서 묻되, "낭의 집은 어디 있으며 芳名은 무엇인지 듣고자 원한다" 하였다. 낭이 대답하되 "내 이름은 未尸요, 어려서 부모를 여의었으므로 성은 무엇인지 모른다" 하였다.

진자가 그를 가마에 태우고 들어가 왕께 뵈었다. 왕이 그를 존경하고 사랑하여 받들어 國仙을 삼았다. 子弟(郎徒)를 서로 화목하게 하였고 예의와 風敎가 보통 사람과 달랐다. 그 風流가 세상에 빛남이 무릇 7년에 홀연 간 곳이 없어졌다. 진자가 매우 슬퍼하였다. 그러나 그의 자택을 입고 그의 淸化를 이어 스스로 뉘우쳐 정성껏 도를 닦으니 만년에 또한 그 최후를 알 수 없다.

說者가 말하기를 "未는 그 音이 彌와 서로 가깝고, 尸는 그 字形이 力자와 비슷하므로 假托하여 수수께끼를 한 것이다. 大聖이 오직 진자의 정성에 감동된 것만이 아니고, 또한 이 땅에 인연이 있었으므로 자주 나타난 것이라"고 하였다. 지금 國人이 神仙을 불러 彌勒仙花라 하고 무릇 媒介하는 사람을 未尸라고 하니 모두 진자의 유풍이다.58)

승려의 수행

문득 그 어머니 꿈에 별이 떨어져 품안으로 들어오더니, 이로 말미암아 태기가 있었다. 낳으니, 석가 세존과 생일이 같았으므로 이름을 善宗郎이라고 했다. 정신과 마음이 슬기로우며 문장의 구상이 날로 풍부해졌으나 속세의 취미에 물들지 않았다. 양친을 일찍 여의고 속세의 시끄러움을 꺼려 처자를 버리고 전원을 내어 元寧寺를 만들었다. 홀로 깊숙하고 험한 곳에 있으면서 이리나 범을 피하지 않았다. 枯骨觀을 닦았는데, 조금 피곤함이 있으면 작은 집을 지어 가시덤불로 둘러막고 그 속에 알몸으로 앉아 움직이면 곧 가시에 찔리도록 하고 머리는 들보에 매달아 혼미한 정신을 없앴다.59)

불교문화의 확산

제26대 百淨王의 시호는 眞平大王이니 성은 김씨다. 大建 11년(579) 기해 8월에 왕위를 올랐는데 신장이 십일 척이었다. 內帝釋宮 - 또한 天株寺라고도 하니, 왕이 세운 것이다. -에 행차할 때에 섬돌을 밟으니 돌 세 개가 한꺼번에 부러졌다. 왕이 따르던 신하들에게 일렀다. "이 돌을 옮기지 말고 뒷사람에게 보여라." 곧 성 중의 다섯 군데 움직이지 않는 돌의 하나이다. 즉위한 원년에 천사가 궁전의 뜰에 내려와서 왕에게 말했다. "상제께서 나에게 명하여 玉帶를 전해 주라 합니다." 왕이 친히 꿇어 앉아서 받으니 그 후에 천사는 하늘로 올라갔다. 校社와 宗廟의 큰 제사 때에는 의례 이 옥대를 띠었다. 후에 고려왕이 신라를 치려고 하면서 "신라에 세 가지 보물이 있어 침범할 수 없다 했으니 무엇인가?" 하니, "皇龍寺의 丈六尊像이 첫째요, 그 절의 구층탑이 둘째요, 眞平王의 하늘이 준 옥대가 그 셋째입니다." 하였다. 이에 신라를 칠 계획을 돌이켰다.[60]

다양한 연기설화

...... 처음에 神文王이 등창이 발하여 惠通에게 보아주기를 청하였다. 通이 와서 呪文을 외우니 당장에 나았다. 이에 通이 가로되, "폐하가 前生에 宰相의 몸이 되어 臧人 信忠을 잘못 판결하여 종이 되게 하였으므로, 신충이 원한을 품고 還生할 때마다 보복합니다. 지금 이 등창도 신충의 재앙이오니 마땅히 신충을 위하여 절을 세우고 명복을 빌어 원한을 풀게 하소서" 하였

다. 왕이 옳게 여겨 절을 세우고 이름을 信忠奉聖寺라 하였다. 절이 낙성되자 공중에서 노래를 부르되, "왕이 절을 세움으로 말미암아 고생에서 벗어나 하늘에 태어났으니 원이 풀렸도다" 하였다. 그 노래 부른 곳에 折怨堂을 세웠는데 堂과 寺는 지금도 남아 있다.[61]

불탑 조성의 유행

정관 17년(643) 계묘 16일에 慈藏法師가 당나라 황제가 준 불경, 불상, 가사, 폐백 등을 가지고 본국으로 돌아와서 탑을 세울 일을 왕에게 아뢰었다. 善德王이 여러 신하에게 물으니 이들이 아뢰기를 "工匠을 백제에 청해야만 하겠습니다." 하였다. 이에 보물과 비단으로써 백제에 청했다. 阿非知라는 공장이 명을 받고 (신라에) 와서 목재와 석재로써 건축하고 伊干 龍春 - 혹은 龍樹라 한다. - 이 그 일을 주관했다. 거느린 小匠이 200명이었다. 처음 절 탑의 기둥을 세우던 날에 공장이 꿈에 본국 백제가 멸망하는 형상을 보았다. 공장이 의심이 나서 일손을 멈추었다. 문득 땅이 진동하더니 어두컴컴한 속에서 노승 한 사람과 장사 한 사람이 금당문으로 부터 나와 그 기둥을 세우고는 사라져 보이지 않았다. 공장이 이에 마음을 고쳐 먹고 탑을 완성시켰다.[62]

불상 제작

①永康 7년(551년, 418년) …에 돌아가신 어머니를 위하여 미륵존상을 만들어 복을 비오니, 바라옵건대 돌아가신 분의 신령

(영혼)으로 하여금 깨달음의 세계로 나아가 미륵님의 三會 說法을 만나, 첫 설법 때 無生의 法理를 깨닫고 究竟을 念하여 菩提를 이루게 해 주소서. 만일 죄업이 있으면 이 발원으로 일시에 (모든 죄업이) 소멸되게 하옵고, 隨喜하는 모든 이들도 이 소원과 같게 하옵소서.63)

②(Ⅰ면) □□ 계유년(673) 4월 15일에 今 乃末… 發願하여 삼가 바치니, 彌次乃□, □正 乃末, 全氏 三□□ 등 □50인 知識과 함께 國王 大臣 및 七世父母와 모든 영혼을 위하여 發願하여 삼가 절을 지었다. 知識 이름을 기록하면, 達率 身次가 願했고, 眞武 大舍가 願했다. (Ⅳ면) 全氏 □□… 述況 … 二今… 한마음으로 阿彌陀佛像과 觀音大世至像을 삼가 만들었다. ·… 원컨대 삼가 만든 이 石佛像이 內外 十方과 內外 十六(을 비추소서).64)

다라니 신앙

...... 신목태후와 효소대왕이 받들어 종묘의 신성한 영령을 위해 禪院伽藍에 삼층석탑을 세웠다. ...... 신룡 2년(706) 경오년 5월 30일에 지금의 대왕이 부처 사리 4과와 6치 크기의 순금제 미타상 1구와 『무구정광대다라니경』 1권을 석탑의 둘째 층에 안치하였다. 이 福田으로 위로는 신문대왕과 신목태후 효소대왕의 대대 聖廟가 열반산을 베고 보리수에 앉는데 보탬이 되기를 빈다. 지금의 융기대왕은 수명이 강산과 같이 오래고 지위

는 闕川과 같이 크며 천명의 자손이 구족하고 칠보의 상서로움
이 나타나기를 빈다. 왕후는 몸이 달의 정령과 같고 수명이 劫數
와 같기를 빈다. 또한 범왕 제석 四天王은 위덕이 더욱 밝아지
고 氣力이 자재로워져 천하가 태평하고 항상 법륜을 굴려 삼도
의 중생이 어려움을 벗어나고 육도 중생이 즐거움을 받으며 법
계의 중생들이 모두 佛道를 이루기를 빈다. ......65)

화장제도의 도입

①21년(681) 가을 7월 1일에 왕이 돌아가시므로 시호를 文武
라고 하였다. 유언에 따라 동해 어귀의 큰 바위에 장사지냈다.
세상에 전하기를, 왕은 용이 되어 나라를 지킨다고 하여 그 바위
를 가리켜 大王石이라고 하였다. 왕은 遺詔에 말하기를, "......
내가 임종한 뒤에 10일이 되면 궁문 밖 뜰에서 西國(인도)의 의
식에 따라 불로써 태워 장사지내라. 복을 입는 기간의 경중은 본
래부터 떳떳한 법도가 있거니와, 장례하는 제도는 힘써 검약한
법도를 따르도록 하라."66)

②6년(742) 여름 5월에 유성이 三大星을 침범하였다. 왕이 돌
아가시므로 시호를 孝成이라 하고, 유명에 의하여 영구를 法流
寺 남쪽에서 화장하고, 뼈가루를 동해에 뿌렸다.67)

③6년(785) 봄 정월에 ...... 이 달에 왕이 병환으로 누워 병세
가 점점 더하므로 조서를 내려 말하기를, "과인이 본래 덕이 적

으므로 大寶(왕위)를 받을 마음이 없었으나, 추대함을 피할 수 없어 즉위하였다. 왕위에 있은 이래로 농사가 순조롭지 못하여 백성들이 곤궁에 빠졌다. 이는 모두 나의 덕망이 백성들의 희망에 부합하지 않고, 정치하는 것이 하늘의 뜻에 합하지 아니하기 때문이다. 그래서 항상 禪讓하고 밖으로 물러나 있으려고 하였는데, 군관 백료들이 늘 정성껏 간하므로 뜻과 같이 되지 않아 지금까지 머뭇거렸다. 지금에 이르러 갑자기 병에 걸려 다시 일어나지 못하게 되었다. 죽고 사는 것은 天命이니 다시 무엇을 한탄하랴. 죽은 뒤에는 佛法에 따라 화장을 하고 뼈는 동해에 뿌려다오" 하였다. 13일에 왕이 돌아가시자 시호를 宣德이라 하였다.68)

불교 대중화 운동

元曉는 계를 범하고 聰(설총)을 낳은 후로는 속인의 옷을 바꾸어 입고, 스스로 小姓居士라 일컬었다. 우연히 광대들이 가지고 노는 큰 박을 얻었는데, 그 모양이 괴이했다. 그 모양대로 도구를 만들어 『華嚴經』의 '一切無㝵人은 한 번의 깨달음으로 생사를 벗어난다.'란 문구에서 따서 이름지어 無㝵라고 하며 이내 노래를 지어 세상에 퍼뜨렸다. 일찍이 이것을 가지고 많은 촌락에서 노래하고 춤추며 교화하고 읊조리다가 돌아왔다. 이 때문에 가난하고 무지몽매한 무리들까지도 모두 부처의 이름을 알게 되어 다 나무아미타불을 부르게 되었으니 원효의 교화함이 참으로 컸다고 하겠다.69)

미륵신앙을 이용한 사회개혁 운동의 한계

이때 善宗(弓裔)은 스스로 미륵불이라 칭하고, 머리에는 金幘을 쓰고 몸에는 方袍를 입고, 맏아들을 靑光菩薩이라 하고, 막내 아들을 神光菩薩이라 하였다. 밖으로 나갈 때에는 항상 백마를 타고 비단으로써 말머리와 꼬리를 장식하며, 동남동녀로 하여금 幡蓋와 향과 꽃을 들려 그 앞에서 인도하게 하였다. 또 비구승 2백여 명에게 명령하여 梵唄를 하면서 그 뒤를 따르게 하였고, 또 스스로 불경 20여 권을 지었는데 그 말이 요망하여 모두 경에서 어긋나는 것이었다.[70]

불교세력 견제를 위한 도교의 수용

2년(643) 3월에 蘇文이 왕에게 아뢰기를, "三敎는 비유하면 세 솥발과 같으므로 하나라도 빠져서는 안 됩니다. 지금 유교와 불교는 홍성하나 도교는 아직 성하지 않으니 이른바 천하의 도를 갖춘 것이 아닙니다. 엎드려 바라건대, 사자를 당나라에 파견해 도교를 구하여 나라 사람들을 가르치시기 바랍니다." 하였다. 대왕도 그렇겠다고 여겨 글을 보내 청하니, 당태종이 道士 叔達 등 8명과 老子의 『道德經』을 주어 보냈다. 왕이 기뻐하여 절을 빼앗아 道館을 만들어 그들을 머무르게 하였다.[71]

종교정책의 혼란

「高句麗 本紀」에 이르기를 麗末인 武德·貞觀 연간에 國人이 다투어 五斗米敎를 신봉하니 唐 高祖가 이를 듣고 道士를 시켜 天尊像을 보내고 「道德經」을 講述하게 하였다. 왕이 國人\과 함께 들으니, 때는 營留王 즉위 7년인 무덕 7년(624) 갑신이었다. 다음해 사신을 당에 보내어 佛·老의 学을 구하니 唐帝가 허락하였다.

寶藏王이 즉위하여 또 三敎를 倂興하려 하니 그때 寵相 蓋蘇文이 왕에게 달래되 "儒·釋은 다 성하나 黃冠은 성하지 못하니 특별히 당에 사절을 보내어 道敎를 구하도록 하소서" 하였다. …… 蓋金이 왕에게 아뢰되 "솥에는 세 발이 있고 나라에는 三敎가 있는 법입니다. 신이 보아하니 우리나라에는 오직 儒·釋만 있고 道敎가 없으므로 나라가 위태합니다" 하였다. 왕이 그렇게 여겨 당에 道敎를 구하였다. 이에 太宗이 道士 叔達 등 8인을 보내매, 왕이 기뻐하여 佛寺를 道舘으로 삼고 道士를 높여 儒士 위에 있게 하였다.

道士들이 국내를 돌아다니며 이름난 산천을 진압할 새 옛 平壤城勢는 新月城이라 하여 도사 등이 南河龍을 명하여 거기에 滿月城을 加築하여 龍堰城이라 이름하였고 讖을 지어 龍堰堵 또는 千年寶藏堵라 했다. 또는 靈石(俗說에 都帝嵓이라 하고 또 朝天石이라 하니 대개 옛날에 聖帝가 이 돌을 타고 上帝에 朝覲하였기 때문이다)을 파 깨뜨리기도 했다고 한다.[72]

미주

고대 한국의 신화와 제의

1) 『三國遺事』 권1, 「紀異」 1, 古朝鮮.
2) 『廣開土王陵碑』 제1면.
3) 『東國李相國集』 「東明王篇」 所引 『舊三國史』 「東明王本紀」
4) 『三國遺事』 권2, 「紀異」 2, 所引 『駕洛國記』
5) 『三國遺事』 권1 「紀異」 1, 東夫餘條.
6) 『三國遺事』 권3, 「興法」 3, 魚山不影條.

부록. 고대사회의 신앙과 의례 관련자료

1) 『論衡』 권2, 「吉驗」篇.
2) 『魏略』
3) 『魏書』 「高句麗傳」.
4) 『三國史記』 권13, 「高句麗本紀」 1, 東明聖王 卽位前紀.
5) 『三國遺事』 권1 「紀異」 제1, 新羅始祖 赫居世王.
6) 『三國史記』 권1 「新羅本紀」 1, 始祖 赫居世居西干.
7) 『三國遺事』 引 『駕洛國記』
8) 『三國遺事』 권2, 「紀異」 제2, 第四脫解王.
9) 『三國遺事』 권1 「紀異」 제1, 金閼智.

10) 『三國史記』권1「新羅本紀」1, 脫解尼師今.

11) 『三國史記』권23「百濟本紀」1, 始祖 溫祚王.

12) 『三國志』魏書「東夷傳」濊.

13) 『三國志』魏書「東夷傳」韓.

14) 『三國志』魏書「東夷傳」夫餘.

15) 『三國史記』권45「列傳」5, 溫達.

16) 『三國史記』권13「高句麗本紀」1, 琉璃明王.

17) 『北史』「列傳」高句麗.

18) 『三國史記』권21「高句麗本紀」9, 寶藏王.

19) 『隋書』「東夷列傳」高句麗.

20) 『三國史記』권13「高句麗本紀」1, 琉璃明王.

21) 『三國史記』권15「高句麗本紀」3, 次大王.

22) 『三國史記』권26「百濟本紀」4, 東城王.

23) 『三國史記』권27「百濟本紀」5, 武王.

24) 『三國遺事』권2「紀異」제2, 南夫餘·前百濟·北夫餘.

25) 『蔚珍鳳坪碑』

26) 『三國遺事』권1「紀異」제1, 奈勿王·金堤上.

27) 『三國史記』권3「新羅本紀」3, 實聖尼師今.

28) 『三國史記』권11「新羅本紀」11, 憲康王.

29) 『日本書紀』권1「神代」上.

30) 『日本書紀』권 6 垂仁天皇 2년.

31) 『日本書紀』권 9 神功皇后 9년 여름 4월 임인 초하루 갑진.

32) 『日本書紀』권9 神功皇后.

33) 『三國遺事』권4「義解」제5, 歸竺諸師.

34) 『北史』「列傳」新羅.

35) 『日本書紀』권15 顯宗天皇.

36) 『三國遺事』권1「紀異」제1, 延烏郎·細烏女.

37) 『三國史記』권2「新羅本紀」2, 儒禮尼師今.

38) 『三國遺事』권1「紀異」제1, 味鄒王·竹葉軍.

39) 『三國史記』권17「高句麗本紀」4, 東川王.

40) 『三國史記』 권17 「高句麗本紀」4, 烽上王.

41) 『廣開土王陵碑』

42) 『三國遺事』 권2 「紀異」 제2, 駕洛國記.

43) 『三國遺事』 권1 「紀異」 제1, 射琴匣.

44) 『三國遺事』 권5 「神呪」 제6, 密本摧邪.

45) 『三國遺事』 권1 「紀異」 제1, 善德王 知幾三事.

46) 『我道碑』

47) 『三國史記』 권4 「新羅本紀」4, 法興王.

48) 『三國遺事』 권3 「興法」 제3, 原宗興法 厭髑滅身.

49) 『三國史記』 권4 「新羅本紀」4, 眞平王.

50) 『三國史記』 권27 「百濟本紀」5, 法王.

51) 『日本書紀』 권30 天智天皇.

52) 『三國遺事』 권3 「塔像」 제4, 四佛山 掘佛山 萬佛山.

53) 『三國遺事』 권4 「義解」 제5, 二惠同塵.

54) 『日本書紀』 권20 敏達天皇.

55) 『日本書紀』 권21 崇峻天皇.

56) 『日本書紀』 권24 皇極天皇.

57) 『三國遺事』 권1 「紀異」 제1, 金庾信.

58) 『三國遺事』 권3 「塔像」 제4, 彌勒仙花 未尸郎 眞慈師.

59) 『三國遺事』 권4 「義解」 제5, 慈藏定律.

60) 『三國遺事』 권1 「紀異」 제1, 天賜玉帶.

61) 『三國遺事』 권5 「神呪」 제6, 惠通降龍.

62) 『三國遺事』 권3 「塔像」 제4, 皇龍寺九層塔.

63) 『永康七年銘金銅光背』

64) 『癸酉銘阿彌陀三尊四面石像』

65) 『皇福寺金銅舍利函記』

66) 『三國史記』 권7 「新羅本紀」7, 文武王 下.

67) 『三國史記』 권9 「新羅本紀」9, 孝成王.

68) 『三國史記』 권9 「新羅本紀」9, 善德王.

69) 『三國遺事』 권4 「義解」 제5, 元曉不羈.

70) 『三國史記』 권50 「列傳」 10, 弓裔 甄萱.

71) 『三國史記』 권21 「高句麗本紀」9, 寶藏王 上.

72) 『三國遺事』 권3 「興法」 제3, 寶藏奉老 普德移庵.

참고문헌

<자료>

『三國史記』『三國遺事』『皇福寺金銅舍利函記』『永康七年銘金銅光背』『癸酉銘阿彌陀三尊四面石像』『我道碑』『蔚珍鳳坪碑』『廣開土王陵碑』『東國李相國集』『三國志』『魏書』『北史』『隋書』『論衡』『魏略』『日本書紀』

<저서>

金烈圭,『한국의 神話』일조각, 1976.

金載元,『檀君神話의 新研究』正音社, 1947.

김태곤·최운식·김진영『한국의 신화』시인사, 1988.

羅景洙, 『韓國의 神話研究』敎門社, 1992.

徐永大, 『韓國古代 神觀念의 社會的 意味』(서울대학교 박사논문), 1991.

柳東植,『韓國巫敎의 歷史와 構造』 1975.

李基白 編,『檀君神話論集』새문사, 1988.

李玉,『高句麗 民族形成과 社會』敎保文庫, 1984.

李恩奉,『韓國古代宗敎思想』온누리, 1984.

이지린·강인숙『고구려역사연구』사회과학출판사, 1976(복각본, 『고구려역사』논장, 1988)

張籌根,『韓國의 神話』 1961.

崔光植,『韓國古代의 祭儀研究-政治·思想史的 考察을 中心으로-』(고려대학교 박사논문)1989.

崔南善,『朝鮮의 神話와 說話』(복각본, 1983, 홍성사) 1939.

홍기문, 『조선신화연구』사회과학출판사(복각본, 1989, 지양사)1964.

<논문>

琴章泰, 「韓國古代의 信仰과 祭儀」『同大論叢』8, 1978.

琴章泰, 「祭天儀禮의 歷史的 考察」『大同文化硏究』25, 1990.

金光日, 「韓國神話의 精神分析學的 硏究」『韓國文化人類學』2, 1969.

金杜珍, 「新羅昔脫解神話의 形成基盤」『韓國學論叢』8, 1985.

金杜珍, 「三韓別邑社會의 蘇塗信仰」『韓國古代의 國家와 社會』1985.

金秉模, 「韓國神話의 考古民俗學的 硏究」『柳承國敎授華甲紀念東方思想論考』1983(『한국인의 발자취』1985, 재수록)

金元龍, 「韓國先史時代의 神像에 대하여」『歷史學報』94・95합집, 1982.

金在鵬, 「卵生神話의 分布圈」『文化人類學』4, 1971.

金貞淑, 「誕生 모습으로 본 韓國文獻神話의 原形分類」『嶠南史學』3, 1987.

金哲埈, 「東明王篇에 보이는 神母의 性格에 대하여」『柳洪烈博士華甲紀念論叢』1971(『韓國古代司會硏究』1975, 재수록)

金泰坤, 「巫俗上으로 본 檀君神話」『史學硏究』20, 1968.

金宅圭, 「新羅 및 古代日本의 神佛褶合에 대하여」『韓日古代文化交涉史硏究』1974.

盧明鎬, 「百濟의 東明神話와 東明廟」『歷史學硏究』10, 1981.

辛鐘遠, 「三國史記 祭祀志硏究」『史學硏究』38, 1984.

辛鐘遠, 「古代의 日官과 巫」『國史館論叢』13, 1990.

柳東植, 「神話와 儀禮에서 본 古代 韓國人의 信仰形態」『韓國宗敎學』1, 1972.

李基白, 「三國時代의 佛敎傳來와 그 性格」『歷史學報』6, 1954(『新羅思想史硏究』1986, 재수록)

李杜鉉, 「韓國古代の葬禮」『日本古代史講座』9, 1982(『韓國民俗學論攷』1984, 재수록)

李玉, 「朱蒙硏究」『韓國史硏究』7, 1972.

이필영, 「檀君神話의 基本構造」『白山學報』26, 1981.

任東權, 「三國時代의 巫・占俗」『白山學報』3, 1969 (『韓國民俗學硏究論攷』1971,재수록)

鄭暻喜,「檀君社會와 靑銅器文化」『韓國學報』23, 1981(『韓國古代社會
　文化研究』 1990, 재수록)

鄭暻喜,「東明型說話와 古代社會」『歷史學報』98, 1983(『韓國古代社會
　文化研究』 1990, 재수록)

정재교,「新羅의 國家的 成長과 神宮」『釜大史學』11, 1987.

朱昇澤,「北方系 建國神話의 文獻的 再考察-解夫婁神話의 再構를 中
　心으로-」『韓國學報』70, 1993(1993년 봄호, 일지사)

車勇杰,「百濟의 祭天祀祇와 政治體制의 變化」『韓國學報』11, 1978.

崔在錫,「新羅의 始祖廟와 神宮의 祭祀」『東方學志』50, 1986.

한국역사연구회,「보설1. 고대사회의 이데올로기」『한국역사』역사비
　평사, 1992.

依田千百子,「朝鮮の山神信仰」『朝鮮學報』75, 1973(『朝鮮民俗文化의
　研究』1985, 재수록)

依田千百子,「朝鮮の葬制と他界觀」『日本民族とその周邊』歷史.民族篇,
　1980(『朝鮮民俗文化의 研究』 1985, 재수록)

Abstract

Korean ancient myths & cults

A 'myth' is a principle and order of the world of prehistoric and ancient people, as well as the most logical explanation of its own culture. Also, 'cult' is the act of reassuring that such order, principle, and explanation exists not as a thing of past, but as a thing operating and relating to the present people's lives. Absorption to royal founder tradition brought changes of stories to tales of ancestors of powerful families who were the important part of politics and many founder traditions. Direct and blood-related connection with 'sky' or 'the Lord of Heaven' was only allowed to royal ancestry. The ancestry of nobles began to put more value on close relationship with royal founder rather than relationship with sky or the Lord of Heaven. Buddhism was thinking with a very neat and flexible logic, as well as a complex of various cultures. As a result, Buddhism, a conception and religious practice that can be applied to various regions, societies, and classes in larger scale, attracted many rulers of Koguryo, Baekjae, and Silla. In the end, Buddhism was accepted in Three kingdom. As Buddhism was introduced, the basic form and contents of myths and cults were absorbed into Buddhist ideas and logic, or were converted into Buddhist style. Mythical conception and actions started to be explained with Buddhist idea, and in the end, the world of myths and cults started to be reorganized with Buddhist concepts and system, or even filled in with Buddhist words and logic.

찾아보기